아이가 **스스로 책상**에 앉는다

Original Japanese title: IMA, NAZE, BENKYOU SURUNOKA
Copyright © 2014 Nobufumi Matsunaga
Original Japanese edition published by Fusosha Publishing, Inc.
Korean Translation arranged with Dasan Books Co., Ltd.
through The English Agency (Japan) Ltd. and Danny Hong Agency

이 책의 한국어판 저작권은 대니홍 에이전시를 통한
저작권사와의 독점 계약으로 (주)다산북스에 있습니다.
저작권법에 의해 한국 내에서 보호를 받는 저작물이므로 무단전재와 복제를 금합니다.

가로에다
이 상는 다
아스
스책
앉

― 마츠나가 노부후미 지음 ― 최윤영 옮김

다산지식하우스

Prologue

오늘도 '공부 안 하는 아이'를 혼내셨나요?

대단히 고생이 많으십니다, 여러분.

우선 제 소개부터 하지요. 저는 교육 설계사입니다. 주로 아이들의 교육 방법 지도에 대한 상담을 하고 있으며, 아이들 각자의 능력과 특성, 습관 등을 파악하여 성적을 향상시킬 수 있도록 돕는 일을 하고 있습니다. 한마디로 말하면 부모님들을 위한 교육 조언자이자 아이들을 위한 수험 전문가라고 할 수 있겠군요.

저는 수년간 여러 부모님과 자녀의 학업에 대한 상담을 진행해 왔습니다. 그때마다 제가 가장 자주 받는 대표적인 질문이 하나 있습니다.

"아이가 공부를 안 하는데 어떻게 해야 좋을까요?"

    이 말은 사실 '부모가 아이를 제대로 공부시키지 못하고 있다'를 의미합니다.

    아이를 공부시킬 때 여러분은 보통 이렇게 말하죠. "가서 얼른 공부해!" 그러면 대부분 아이들이 아예 대답을 하지 않거나 "공부를 왜 해야 해요?"라고 묻는 경우가 많습니다.

    아이들이 이런 질문을 왜 한다고 생각하시나요? 간단합니다. 공부하고 싶지 않기 때문이죠. (물론 순수한 호기심으로 그 이유를 알고 싶어 하는 아이도 더러 있습니다만.) 그런데 이때 부모님들이 당황해서 아이의 머리를 쥐어박거나 혼을 내는 경우가 많은데 이는 잘못된 방식입니다. 아이가 알아서 공부하게 만들고 싶다면, 가장 먼저 '왜 공부를 해야 하는지', '어떻게 공부해야 하는지' 스스로 깨우치도록 도와주어야 합니다.

여러분도 한번 생각해 보십시오. 만약 내 아이가 '왜 공부해야 해요?'라고 물어왔을 때, 과연 어떤 대답을 해줄 건가요? 부모님 자신도 대답할 준비가 되어 있지 않으면서 아이에게 공부하라고 혼내는 행동은 결코 바람직하지 않습니다. 스스로 책상에 앉아 공부하는 아이로 키우는 일은 더더욱 상상도 못 할 것이고요.

간혹 초등학생 자녀를 둔 부모님들 중에는 자신 나름대로의 답을 찾아 아이를 설득하는 분들도 있습니다. 가령, '좋은 성적을 받기 위해', '좋은 학교에 가기 위해', '좋은 회사에 취직하기 위해' 등을 답으로 들죠. 그러나 이것 역시 저는 좋은 대답이라고 생각하지 않습니다. '왜 공부해야 하는지'에 대한 설명이 빠졌기 때문입니다.

저는 아이의 공부 문제로 걱정하는 부모님들이 더 이상 혼내거나 잔소리하지 않고도 '스스로 공부하는 아이'로 키

울 수 있도록 저만의 교육 노하우를 공개하고자 합니다. 이 노하우들은 결국 '왜 공부해야 하는지', '어떻게 공부를 시킬 것인지' 고민하는 부모님들에게 현명한 답을 제시해 줄 수 있을 겁니다.

  이 책을 통해 많은 부모님들이 "왜 공부해야 해요?" 하는 아이의 물음에 자연스레 대답할 수 있다면, 나아가 그 대답으로 인해 아이가 스스로 책상에 앉아 공부하는 날이 온다면 저자로서 저는 더할 나위 없이 행복할 겁니다.

마츠나가 노부후미

목차

Prologue 오늘도 '공부 안 하는 아이'를 혼내셨나요? ··· 004

Part.1 아이의 공부머리를 키우기 위해
엄마가 실천해야 할 것들

- 01 뻔히 수가 보여도 부모는 참견하지 않는다 ··· **015**
- 02 아이의 머리가 똑똑해지는 순간 ··· **019**
- 03 가위만 잘 찾아도 머리가 좋아진다 ··· **023**
- 04 상위권 아이로 키우려면 집안일을 시켜라 ··· **026**
- 05 아이는 무조건 밖에 풀어 두자 ··· **030**
- 06 텔레비전 보는 아이를 자유롭게 두지 마라 ··· **034**
- 07 게임을 잘한다고 IT 인재가 되진 않는다 ··· **039**

- 08 꼭대기에 올라야 다른 산이 보인다 ··· **044**
- 09 "엄마, 내 머리가 좋아지고 있어요!" ··· **048**
- 10 무조건 정신없이 놀아야 한다 ··· **051**
- 11 스스로 묻고 답하는 아이는 옳은 결정을 한다 ··· **057**

Part.2 공부하기 싫어하는 아이도 스스로 책상에 앉게 만드는 비결

- 12 "왜 공부해야 돼요?"라고 아이가 물어올 때 ··· **065**
- 13 명문대생 엄마는 공부하라고 말하지 않는다 ··· **068**
- 14 복습 잘하는 아이가 머리 좋은 아이를 이긴다 ··· **071**

[0~4세] 집중과 반복, 정리정돈 잘하기

목차

[5~7세] 엄마와 함께 책 읽기

[8~10세] 집에 돌아오면 숙제부터 하기

[11~13세] 아이의 능력을 유심히 관찰하기

15 아이의 학력은 부모의 독서 수준과 같다 … 082

16 시키지 말고 '선택하게' 하라 … 088

17 마음 뺏길 것이 없어야 아이는 집중한다 … 092

18 좋은 문장을 소리 내어 읽게 하라 … 095

19 글을 잘 쓰는 아이는 거짓을 꿰뚫어 볼 줄 안다 … 099

20 암산이 빠른 아이가 수학을 잘한다 … 105

21 수학을 어려워한다면 연필 대신 퍼즐을 주자 … 110

22 퍼즐을 잘하는 아이가 시험에 강하다 … 115

23 '왜?'라는 질문으로 아이의 흥미를 유도하라 … 121

㉔ 리더십 있는 아이로 키우려면 고전을 읽혀라 … 127

Part.3 평생 성장하는 아이로 자라길 바란다면

㉕ 논리적 사고력이 없는 아이는 항상 손해만 본다 … 135
㉖ '속지 않는' 단단한 아이로 키워라 … 139
㉗ 미래 사회에서는 언어 운용력이 중요하다 … 144
㉘ 대학에 꼭 보내야 할까? … 147
㉙ 결국은 '하고 싶은 것'을 해야 잘산다 … 151
㉚ '왜 해야 하는지' 알면 알아서 한다 … 156

Part.1

아이의 공부머리를
키우기 위해
**엄마가
실천해야 할 것들**

뻔히 수가 보여도
부모는 참견하지 않는다

: 아이의 주변에 '놀 거리' 놓아두기

    세계적으로 유명한 천재 과학자들에게 "어떻게 공부했나요?"라는 질문을 던지면 대답은 하나로 정해져 있습니다.
    "언제, 어디서나 즐겁게 하려고 합니다."
    이 말의 핵심은 '즐겁게 한다'입니다. 사람은 무언가를 즐겁게 할 때 머리가 좋아집니다. 달리 말하면 '즐겁게 해야 머리가 가장 좋은 상태가 된다'는 뜻이죠.

만약 아이가 집중하고 있다면, 그 대상이 무엇이든 간에 절대로 참견하지 마세요. 그 순간이 바로 아이의 머리가 똑똑해지는 때니까요. 오히려 아이가 계속해서 집중할 수 있도록 옆에서 도와주어야 합니다. 그래야 그 집중력이 나중에 학습으로도 이어지게 됩니다.

예를 들어 아이가 혼자 블록 쌓기 놀이를 하고 있다고 해보죠. 블록을 계속 쌓다 보면, 어느 순간 부모 입장에서는 블록이 무너질 상황이 빤히 보일 겁니다. 이럴 때 절대 껴들어서는 안 됩니다. 아이 스스로가 '어떻게 하면 블록이 무너지지 않을까?' 고민하면서 신중히 몰두하는 자세 또는 예상대로 블록이 무너지는 것을 눈으로 직접 확인하는 경험이 중요하기 때문입니다. 부모는 단지 옆에서 아이가 포기하지 않고 계속 도전하도록 격려하며, 이를 반복 학습하게 하는 것이 중요합니다. 반복 학습은 곧 집중력으로 이어지며, 훗날 아이가 스스로 책상에 앉아 공부하게 만드는 원천이 됩니다.

단, 집중하는 대상이 텔레비전이나 스마트폰이라면 얘기가 달라집니다. 텔레비전과 스마트폰을 자주 보는 아이들은 '수동적인 학습 습관'을 형성할 가능성이 높기 때문이죠. 대개 공부를 잘하는 아이들은 학습에 능동적인 자세로

임합니다. 스스로 계획하고 공부하며 자신의 학습 수준을 최대치로 끌어올리죠. 학교 수업도 마찬가지입니다. 반면 수동적인 학습 습관을 지닌 아이는 스스로 생각하거나 알아낸 것을 적극적으로 발표하지 못합니다. 그러다 보면 자연히 수업 시간에 흥미를 갖지 못해 성적이 뒤처지고 맙니다. 주어진 것만 처리하는 수동적인 자세가 굳어지면 어른이 되어 사회에 나왔을 때도 어려움을 겪기 마련입니다. 혼자서는 적극적으로 움직이지 못하고, 타인과의 소통도 원활하게 할 수 없으니까요.

아이의 주변에 항상 읽을 책이나 장난감, 놀이 교구들을 놓아두세요. 아이가 언제라도 즐겁게 집중할 수 있도록 말입니다. 생생한 실물을 직접 만지면서 노는 것은 집중력을 키워 주고 학습에 대한 능동적인 태도를 길러 줍니다. 여기서 그치는 것이 아니라, 나중에 공부를 할 때에도 자신에게 잠재된 학습 능력을 최대한 이끌어 낼 줄 아는 아이로 성장할 것입니다.

부모님이 적절한 환경을 설정해 주는 일은 현대에 들어서 더욱 중요해졌습니다. 사실 불과 30년 전까지는 아무리 대도시라도 집 주변에서 자연과 마주할 기회가 많았습니다. 앞마당에서 흙을 가지고 놀 수도 있었고 여기저기에서 곤충도 쉽게 볼 수 있었죠. 대대로 전해져 내려오는 가구나 장식물 등 아이들의 호기심을 끌어당기는 것들이 집 안에도 잔뜩 널려 있었습니다.

하지만 안타깝게도 오늘날 아이들에게 가장 친숙한 물건은 리모컨과 스마트폰뿐입니다. 이러한 가상의 세계는 직접 보고, 만지고, 느껴보지 않아도 충분히 즐길 수 있습니다. 여기에 익숙해진 아이는 그저 영상 앞에 계속 앉아 있기 마련이고, 이는 결국 수동적인 학습 습관으로 이어지고 맙니다.

- 아이가 무언가에 열중하고 있다면 절대로 참견 금지! 그 순간이 바로 아이의 머리가 좋아지는 기회입니다.
- 언제, 어디서라도 즐겁게 집중할 수 있도록 아이의 주변에 항상 책이나 장난감 등 '놀 거리'를 놓아두세요.

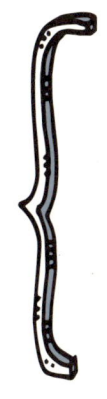

아이의 머리가
똑똑해지는 순간

: 집중력을 지속시키는 법

 아이가 무엇을 하든 척척 해내거나 계산 문제를 막힘없이 술술 풀어낼 때, 엄마도 생각 못 한 기발한 아이디어를 툭툭 던지거나 시간 가는 줄도 모른 채 공부에 집중하고 있다면, 바로 그때가 아이의 '집중력이 가장 좋은 상태'일 때입니다.
 아이의 집중력에 파란 신호가 들어오면 부모님들은 재

빨리 그 집중력이 이어질 수 있도록 환경을 설정해 주어야 합니다. 아이들은 대부분 한 가지에 오랫동안 집중하기 어려워합니다. 그래서 지금 몰두하는 일이 끝날 때쯤 재빨리 다른 것으로 바꿔 주어야 하죠.

예를 들어 같은 그림퍼즐을 반복하던 아이가 하루는 굉장한 속도로 퍼즐을 완성했다고 해보죠. 그 순간이 바로 아이의 머리가 똑똑해지는 때입니다. 우선 아이를 충분히 칭찬해 주세요. 그리고 이번에는 끼워 넣어서 맞추는 입체퍼즐을 건네주세요. 입체퍼즐이 없다면 그림퍼즐을 뒤집어 뒷면만 보고도 퍼즐을 완성할 수 있는지 시켜 보는 것도 좋습니다. 다음에는 피아노를 쳐도 좋고, 밖으로 나가 줄넘기를 해도 좋습니다. 무엇이 되었든 간에 다시 열중할 수 있는 새로운 자극을 주어 아이의 집중력을 유지시키는 일이 중요합니다.

다만 한 번에 지나치게 어려운 과제를 주지 않도록 주의해야 합니다. 오히려 자신감과 긍정적인 에너지를 떨어뜨려 집중력을 흐트러뜨릴 수 있으니까요. 보통 학원에서 쉬운 문제를 연속으로 풀게 한 다음, 실력이 눈에 띄게 향상되면 그제야 조금씩 어려운 문제를 내주는 방식과 같습니다.

만약 아이가 자주 멍한 상태에 있다면 더욱더 신경 써주어야 합니다. 물론 무언가에 지쳐서 잠시 멍하니 있는 것은 크게 상관없으나(이럴 경우에는 눈을 감고 쉬게 하는 편이 좋습니다.) 시도 때도 없이 멍한 상태라면 그건 확실히 문제입니다. '멍하다'는 것은 결국 '할 일이 없다'는 뜻이고, 다시 말해 아이의 공부머리를 키워 줄 수 있는 기회를 놓치는 일과 같습니다.

다시 한 번 강조하지만 아이를 똑똑하게 키우고 싶다면 집중력이 좋은 상태를 유지하도록 도와주세요. 어렸을 때 부모님이 집중하는 습관만 제대로 잡아 주어도, 나중에 아이는 공부할 때 그 집중력을 스스로 이어 나갈 수 있습니다. 반면 어렸을 때 이러한 습관이 안 되어 있는 아이들은 커서 아무리 집중하려고 노력해도 절대 쉽지 않죠.

제법 커서 어느 정도 스스로 집중할 수 있는 아이들에게는 이렇게 물어보세요. "이번에 숙제할 때는 몇 분이나 집중했니?" 자신이 얼마나 집중하고 있는지를 스스로 의식하고 점검해야 공부하는 즐거움을 발견할 수 있으니까요. 초등학생 아이를 둔 부모님들에게는 이 방법을 추천합니다.

- 아이들은 한 가지에 오래 집중하기 어렵습니다. 지금 몰두하는 놀이가 끝날 때쯤 재빨리 다른 놀이로 바꿔 아이의 집중력을 유지해주세요.
- 초등학생 아이에게는 "오늘은 숙제할 때 몇 분이나 집중했니?" 하고 물어보세요. 자신이 집중했다는 사실을 스스로 의식할 때, 아이들은 공부의 즐거움을 느낍니다.

가위만 잘 찾아도
머리가 좋아진다

: 논리적 사고력을 키워 주는 정리정돈 습관

　정리정돈은 아이의 기억력과 논리적 사고 능력을 길러 줍니다. 어렸을 때부터 주변을 항상 깨끗하게 정리하는 습관, 사용한 물건을 반드시 제자리에 돌려놓는 습관, 자신의 물건이 어디에 있는지 기억하는 습관을 들여 주면 아이의 머리는 더욱 좋아집니다.
　아이들이 자주 사용하는 물건 중에 가위가 있습니다. 자주 쓰는 물건이니 어디에 있는지 모르면 안 되겠죠. 평소 물건을 제자리에 돌려놓는 습관이 밴 아이라면 바로 가위를 꺼내 들고 와 하려던 일을 시작합니다. 반대로 습관이 되어 있지 않은 아이는 어디에 뒀는지 몰라 가위를 찾는 일부터 시작합니다. 그것만으로도 시간이 낭비될뿐더러 집중력이 흐트러져 처음에 하려던 일조차 포기하고 맙니다.

'물건을 제자리에 놓는 습관'은 아이의 머리를 좋게 합니다. 이 학습을 통해 아이는 물건이 어디에 있는지 그 이미지를 떠올리는 훈련도 함께하는 셈이니까요. 이 과정에서 논리적으로 생각하는 능력도 자연스럽게 기를 수 있죠.

사용한 물건을 제자리에 돌려놓는 습관 못지않게 중요한 것은 '자신의 방과 책상 위를 정리하는 습관'입니다. 대부분 아이들의 책상 위는 학교에서 받은 프린트물과 문제집, 교과서, 노트 또는 과자 부스러기로 엉망입니다. 이것들을 엄마가 대신 치워서는 안 됩니다. 반드시 아이에게 직접 치우게 하세요. 매일 할 필요 없이 한 달에 한두 번 정도면 됩니다. 책상 위에 아무것도 없는 깨끗한 상태를 만드는 습관을 길러 주세요.

간혹 어떤 부모님들은 학원이나 공부로 바쁜 아이가 안쓰러워 대신 청소를 해주기도 합니다. 이런 경우에는 주말이나 딱히 해야 할 일이 없을 때, 혹은 갑자기 생긴 빈 시간에 정리정돈을 시키는 것이 좋습니다. 아니면 아이와 미리 상의하여 청소하는 날을 정하고 그날에 직접 하도록 지도해주세요. 물론 처음에는 부모가 옆에서 필요한 물건과 불필요한 물건이 무엇인지 판단하여 '버릴 것'과 '놔둘 것'을 분별하도록 도와주어야겠지요.

- 물건을 제자리에 놓는 습관은 논리적으로 생각하는 능력을 길러 줍니다.
- 바쁜 아이가 안쓰럽더라도 절대 치워 주지 마세요. 대신 아이와 미리 상의하여 날짜를 정하고, 직접 정리정돈하게 하세요.

상위권 아이로 키우려면 집안일을 시켜라

: 공부 요령을 키워 주는 집안일 돕기

책상에 앉아 책을 보는 일 외에도 일상생활에서 아이의 학습 능력을 성장시킬 기회는 많습니다. 그 대표적인 예가 바로 '집안일 돕기'입니다. 식사를 마친 뒤 뒷정리를 돕게 한다거나 대청소를 할 때 책장 닦는 일을 시키는 등 아이가 할 수 있을 정도의 일거리를 주세요. 초등학생이라면 빨래 후 자기 옷을 스스로 개도록 하는 것도 좋습니다.

어릴 때부터 집안일을 돕는 습관이 밴 아이는 나중에 공부하라고 잔소리를 하지 않아도 알아서 할 가능성이 높습니다. 부모가 한 번 말을 하면 (스스로 납득이 될 경우) 큰 반항 없이 시키는 대로 하는 것을 당연하게 생각하기 때문입니다. 특히 여자아이들은 집안일을 야무지게 해내는 아이가 공부도 척척 빨리 끝내는 경우가 많습니다. 조금 재미있는 얘기를 하자면, 어렸을 때부터 집안일을 해 온 아이들은 '적어도 공부하는 동안에는 집안일을 하지 않아도 된다'는 생각으로 더욱 공부에 몰두하기도 한다는 겁니다.

식사를 차릴 때 요리를 돕게 하는 것도 좋은 방법입니다. 많은 부모님들이 위험하다는 이유로 평소에 아이를 주방 근처도 오지 못하게 합니다만, 주방은 의외로 교육에 최적화된 장소입니다.

제가 아이들을 가르칠 때의 일입니다. 수학 시간에 '입체도형을 자른 절단면'에 대해 설명을 하는데, 어떤 아이는 단번에 이해하고 어떤 아이는 아무리 설명해도 끝까지 이해하지 못하더군요. 그 당시 절단면을 설명하기 위해 버린 고무지우개가 몇 개인지 세지도 못할 정도였습니다. 유독 이해가 빠른 아이 한 명이 있었는데, 그 아이에게 이유를 물어보니 대답이 아주 인상 깊었습니다.

"집에서 마파두부를 만들 때 엄마가 두부를 좋아하는 모양으로 잘라 보라고 해서 이리저리 자른 경험이 있어요. 그때 봤던 것과 비슷해서요."

꼭 두부가 아니더라도 무든 감자든 혹은 케이크여도 괜찮습니다. 아이가 직접 만지고 잘라 보면서 그 대상에 흥미를 가질 수 있다면 그것만으로도 충분히 교육적인 의미가 있습니다.

아이들에게 주방은 실험 도구로 가득한 배움의 장입니다. 고구마를 자르는 간단한 일부터 기름에 튀기는 일까지, 물을 직접 끓여 차를 내리거나 쌀을 씻어 밥을 짓는 일 또는 밀가루 반죽을 하여 오븐에 구워 과자를 만드는 일 등 부모의 안전한 지도하에서 아이는 뜻밖의 흥미로운 체험을 할 수 있으니까요.

집안일을 대수롭지 않게 여기는 분들도 있겠습니다만, 일상생활 속에서 실천하는 작은 습관들이 모이고 모여 앞으로 아이의 학업에 큰 도움이 된다는 사실을 기억하세요.

- 어릴 때부터 집안일을 돕는 습관이 밴 아이는 나중에 잔소리하지 않아도 알아서 공부할 가능성이 높습니다.
- 주방은 의외로 교육에 최적화된 장소입니다. 채소를 자르는 간단한 일부터 다양한 요리까지, 아이와 함께하며 흥미로운 체험을 하게 만들어 주세요.

아이는
무조건 밖에 풀어 두자

: 잠재된 호기심을 이끌어 내는 법

아이의 호기심을 타이밍 좋게 유발하는 것, 한 발 더 나아가 능동적으로 행동하는 습관을 부모가 만들어 주지 않으면 나중에 아무리 공부를 시키려 해도 아이는 하지 않습니다.

그렇다면 과연 능동적인 아이로 키우기 위해서는 어떻게 해야 할까요? 간단합니다. '하고 싶은 것'을 하게 하면 되지요. 자신이 하고 싶은 것을 하면 아이들은 망설임 없이 바로 움직이기 시작합니다.

아이들은 어릴수록 주변에 있는 모든 대상에 관심을 가집니다. 모든 게 처음인 아이는 부모와 함께하는 다양한 경험을 주저 없이 흡수합니다. 이렇게 직접 겪은 경험들 중에서 유독 자신의 호기심을 끌거나 재미를 느끼는 일이 무엇인지를 스스로 깨닫게 되는데, 여기서 '호기심을 끄는 것'과 '즐거운 놀이'가 바로 '하고 싶은 일'이 되는 거죠. 아이들에게 다양한 체험의 기회를 주어야 하는 이유도 이 때문입니다. 아이들의 어릴 때 체험은 당시의 체험에서 그치는 것이 아니라 앞으로 하게 될 수많은 체험의 가장 기본적인 정보가 됩니다.

그래서 저는 부모님들에게 항상 말합니다. 아이와 놀아 줄 때는 되도록 집 안에 있기보다 야외로 나가시라고 말이죠. 세상에 대한 호기심이 왕성한 나이일수록 책으로 습득하는 지식보다는 직접 겪어 볼 수 있는 생생한 체험이 더 중요하니까요.

특히 5~7세는 감수성이 풍부한 때이기도 합니다. 이 시기의 아이들은 사소한 것에도 잘 놀라거나 무서워하지요. '두꺼비'라는 말만 들어도 그 존재를 상상하고 느낄 수 있으니 정말 굉장하지 않나요? 실은 이 감수성이 바로 창의력의 바탕입니다. 다시 말해, 감수성이 있어야 창의력이 생기고 표현할 수 있게 되죠. 그래서 아이의 창의력을 길러 주고 싶다면 먼저 감수성부터 길러 주어야 합니다.

그렇다면 감수성은 어떻게 길러 줄 수 있을까요? 인간의 감수성은 자연과 예술이 키웁니다. 특히 유아기는 자연과 접촉하면서 감수성이 발달하지요. 시각, 청각, 미각, 후각, 촉각 등 모든 분야에서 자극과 행위가 중요합니다. 그리 대단한 것이 필요한 게 아닙니다. 집 밖으로 몇 발자국만 나가도 아주 다양한 발견거리들이 널려 있으니까요. 집 주변 어디에서 어떤 나무가 자라고 그 잎 모양은 어떤지, 어떤 꽃이 어떤 계절에 피고 지는지, 하늘에 떠 있는 달은 어떤 모양으로 바뀌어 가는지 등등……. 밖으로 나가 아이와 함께 자연의 변화를 느껴 보세요. 바람이 불어올 때 느껴지는 촉감, 지저귀는 새 소리와 꽃밭 위를 날아다니는 벌레 소리에 가만히 귀를 기울여 보세요. 이러한 경험을 하는 아이들은 '아, 세상에는 이런 것들도 있구나!' 하고 자연스럽게 감수성을 키울 수 있습니다. 아이에게 다양하고 폭넓은 경험을 시켜 보며 무엇에 관심을 보이는지 잘 관찰해 보세요.

- 다양한 체험을 통해 아이가 유독 호기심을 가지거나 재미를 느끼는 일이 무엇인지 관찰해 보세요. '하고 싶은 일'을 하게 하면 아이는 능동적으로 행동하고 사고합니다.
- 아이와 놀아 줄 땐 되도록 야외로 나가세요. 집 밖에 펼쳐진 자연은 아이의 감수성과 창의력을 길러 줍니다.

텔레비전 보는
아이를 자유롭게 두지 마라

: 똑똑한 텔레비전 활용법

아이가 혼자서 척척 책을 읽거나 시키지 않아도 알아서 숙제를 한다면 얼마나 좋을까요? 공부는커녕 퍼즐을 가지고 논다거나 스케치북에 낙서하기, 피아노 치기, 줄넘기만 하더라도 그 아이의 부모님은 이미 최고의 교육 환경을 설정해 주었다고 볼 수 있습니다. 오늘날 아이들은 수많은 유혹에 둘러싸여 있으니까요. 전원 버튼 하나만 누르면 곧바로 실행되는 컴퓨터 게임이나 텔레비전, 스마트폰이 그 대표적인 예죠.

어떤 부모님들은 텔레비전을 시청하는 아이를 보며 '가끔 보는 건데 뭐 괜찮겠지' 하고 대수롭지 않게 넘기는데 이런 사고방식은 매우 위험합니다. 텔레비전 앞에서 아이를 조금이라도 자유롭게 놔둔다면 아이는 공부와 점점 멀어질 테니까요. 이 말은 즉, 어렸을 때부터 텔레비전 시청 습관을 제대로 들이지 않으면 나중에 아이가 커서 "텔레비전 좀 그만 보고 숙제나 해!"라고 화를 낸들 아무 소용 없다는 뜻입니다. 이미 늦은 셈이죠.

스스로 공부하는 아이로 키우고 싶다면 반드시 기억하세요. 텔레비전을 보게 해달라고 아무리 떼를 써도 절대 자유롭게 보여 주어서는 안 됩니다.

아이가 조금 크면 많은 엄마들이 "이제는 말려도 소용이 없어요!" 하고 토로합니다. 그럴 때는 무작정 "안 돼!"라고 말하기보다 오히려 텔레비전을 현명하게 활용하는 방법을 추천합니다. 제가 알고 있는 한 엄마의 경우를 예로 들어 보겠습니다. 이 엄마는 아이와 함께 퀴즈 방송을 자주 시청한다고 합니다. 만약 엄마가 정답을 계속 맞히면, 아이에게 "엄마는 열심히 공부해서 알고 있는 거야, 우리 ○○

도 엄마처럼 공부하면 얼마든지 다 맞힐 수 있어!" 하며 격려해 주죠. 간혹 아이가 말한 답이 정답일 때는 "우리 ○○가 정말 대단하네! 공부하면 엄마보다 더 많은 정답을 맞힐 수 있겠는걸?" 하고 자랑스럽게 칭찬해 주는 겁니다. 이런 식으로 칭찬해 주면 아이는 자신감은 물론 자연스럽게 '공부가 하고 싶다!'는 의욕이 생기게 됩니다. 이 엄마의 경우는 텔레비전을 똑똑하게 활용할 줄 아는 올바른 예입니다.

또 다른 활용법은 아이와 함께 텔레비전 보는 규칙을 세우는 것입니다. 가령, 숙제를 다 마치고 난 뒤 30분만 본다거나 목욕 시간 전후로 30분만 보는 것처럼 말이죠. 제가 만났던 아이들 중에 스스로 공부하는 아이들의 공통된 특징은 '텔레비전은 무조건 정해진 시간에만 본다'라는 사고방식을 지녔다는 겁니다. 어렸을 적부터 부모가 차분히 공부에 집중할 수 있는 환경 설정을 잘 해주었다는 방증인 셈입니다.

만약 규칙을 정했는데도 아이가 제대로 지키지 않는다면 텔레비전으로부터 아예 떼어 놓는 편이 좋습니다. 이럴 경우 부모님 역시 거실에서라도 텔레비전을 켜지 않도록 주의해야겠죠. 실제로 명문대생의 부모들을 보면 아이가 초등학생이 되고 난 뒤부터는 텔레비전을 켜지 않습니다. 이 유를 물어보면 대부분 이렇게 대답하죠.

"텔레비전 보고 있을 여유가 어디 있어요, 아이 때문에 해야 할 일이 얼마나 많은데……."

물론 이것을 극성이라고 생각하는 분도 있을지 모르지만, 그만큼 아이의 공부와 미래를 생각하고 있다는 증거라고도 볼 수 있습니다. 여러분도 한번 주위에서 공부 잘하는 아이의 부모님에게 물어보세요. 아이가 공부하는 동안 텔레비전을 보고 있는 부모는 거의 없을 겁니다.

물론 뉴스나 날씨 등 꼭 시청해야 할 방송도 있습니다. 개인적인 취향이나 성향에 따라 꼭 보고 싶은 방송도 있을 테지요. 그럴 경우에는 아이와 함께 시청하며 앞서 예로 든 엄마처럼 능숙하게 텔레비전을 활용하거나 혹은 녹화를 해두었다가 나중에 따로 보세요. 절대로 심심하거나 할 일이 없다는 이유로 텔레비전을 쉽게 켜서는 안 됩니다. 그러면 아이 역시 아무 때나 텔레비전 전원 버튼을 누르는 습관을 들일 테니까요.

- 아이가 텔레비전을 볼 때는 늘 긴장하세요. 부모가 '괜찮겠지'라고 생각하는 순간 아이는 공부와 점점 멀어집니다.
- 텔레비전을 함께 시청할 때는 아이에게 자주 질문을 던지세요. 대답을 듣고 칭찬과 격려만 잘 해주어도 아이는 공부하고 싶은 마음이 저절로 들 것입니다.

게임을 잘한다고
IT 인재가 되진 않는다

: 게임 중독에 빠지지 않는 법

　요즘 아이들에게 컴퓨터 게임과 스마트폰은 생활에서 떼려야 뗄 수 없는 존재가 되었습니다. 게임에 빠진 아이 문제로 고민하는 엄마들과 상담을 하다 보면 이런 푸념을 자주 합니다.

　"못 하게 막고 싶어도 게임을 안 하면 친구들과 어울리진 못한대요. 그러니 밀릴 수가 없어요."

이럴 때 제가 뭐라고 대답하는지 아십니까? "그래도 시켜서는 안 됩니다!"라고 단호하게 말합니다. 게임 중독에 빠지면 아이의 미래를 장기적으로 내다보았을 때 얻는 것보다 잃는 것이 훨씬 많기 때문이죠.

제가 상담한 엄마 중에는 이런 분도 계셨습니다.

"남편이 아이랑 소통을 하겠다며 주말에 새 게임기를 사왔어요. 근데 아이도 아이지만, 남편이란 사람이 이틀 내내 잠도 안 자고 게임만 하지 뭐예요? 아빠가 게임에 푹 빠져있으니 아이도 도무지 멈출 생각을 안 하네요. 걱정은 되는데 별다른 방법이 없으니 손을 놓을 수밖에요."

사실 저는 아이들이 게임을 하는 행위가 일종의 어른을 흉내 내는 일이라고 생각합니다. 여느 문화처럼, 어른들이 하니까 아이들이 따라 한다는 말입니다. 무엇보다 중요한 것은 아이가 처음 게임을 접했을 때 부모님의 태도입니다. 게임 중독에 빠지는 아이들의 공통점을 살펴보면 게임을 시작하는 초기 단계에서 부모님들이 '이 정도쯤은 괜찮겠지' 하고 용인하는 경우가 꽤 많습니다. 간혹 어떤 부모들은 "차라리 소프트웨어 개발자로 키우려고요", "나중에 크면 알아서 그만하겠죠, 뭐"라는 식으로 말하기도 하는데, 안타깝게도 그럴 가능성은 매우 낮습니다. 물론 극소수 몇 명은 훗날 유능한 IT업계 인재로 성장할 수도 있겠지만, 대부분 게임 중독에 빠진 아이들에게 밝은 미래를 기대하기는 힘듭니다. 자신에게 잠재된 다양한 가능성을 미리부터 차단해 버렸기 때문입니다. 게임을 하는 시간에 다른 활동들을 해봤다면, 그중에 흥미로운 활동을 골라 자신의 가능성을 확장시켜 나갈 수 있었을 테니까요.

그렇다면 어떻게 해야 아이를 게임으로부터 떼어 놓을 수 있을까요? 앞서 말한 '텔레비전 활용법'처럼 게임 역시 규칙을 세우는 것이 좋습니다. 이때 주의할 점은 텔레비전을 볼 때보다 부모님의 통제가 더욱 엄격해야 한다는 겁니다. 아이가 정해진 시간을 지키지 않을 경우, 규칙을 위반했을 때 처벌을 내리겠다는 마음가짐으로 지도해야 합니다. 이렇게 철저하게 관리하지 않으면 저도 모르는 사이에 30분이 1시간이 되고, 1시간이 2시간이 되는 등 시간이 점점 늘어나 중독에 빠지게 될 가능성이 높습니다.

하나 더! 게임을 하는 시간은 반드시 '숙제를 마치고 난 뒤'부터여야 합니다. 학교에서 돌아오자마자 게임부터 하면 어느새 게임에만 몰입하여 나중에 공부할 의욕을 잃고 말기 때문이죠. 공부할 때와 게임할 때의 시간을 정확하게 구분시켜 주는 것이 게임 중독에 대처하는 현명한 부모의 태도입니다.

　아이를 게임으로부터 아예 떼어 놓는 것도 좋은 방법입니다. 제가 상담했던 한 엄마는 뚜껑이 달린 상자를 준비해 게임이 끝날 때마다 아이에게 직접 게임기(컴퓨터의 경우 키보드)를 상자에 넣게 했습니다. 그런 다음 그 상자를 창고 속 높은 선반에 놓아두는 규칙을 만들었죠. 그랬더니 아이는 게임기가 있다는 사실을 종종 잊어버리거나, 나중에는 기억이 나더라도 매번 상자에서 꺼내는 게 귀찮아서 다른 일을 했다고 합니다.

　간혹 주말 혹은 공휴일에는 특별히 게임하는 시간을 늘려 주는 부모님들이 있는데, 이 역시 좋지 않습니다. 아이를 게임으로부터 떼어 놓으려면 쉬는 날에는 무조건 밖으로 나가기를 권합니다. 평소 아이가 좋아하는 활동이나 관심 있어하던 분야와 관련된 행사, 전시회, 체험 학습을 간다면 더할 나위 없겠죠. 숨바꼭질이나 캐치볼, 낚시 등 단순한 놀이더라도 아이가 그것을 게임보다 재미있어한다면 그 부모님은 스스로 공부하는 아이로 키우는 데 절반 이상은 성공한 셈입니다.

　저의 경우는 아이들과 종종 '모닥불 피우기'를 합니다. 이제껏 많은 아이들이 참여했는데 효과가 꽤 좋습니다. 불을 앞에 두면 어떤 아이들은 막대로 찔러 보거나 부채질해 보기도 하고, 또 어떤 아이들은 가만히 앉아 나무가 타들어 가는 모습을 관찰합니다. 별것 아닌 것 같아도 이러한 경험들을 통해 우연히 생긴 호기심은 아이를 더욱 아이답게 성장시켜 주죠. 컴퓨터 앞에 앉아 게임만 하는 아이들은 결코 할 수 없는 아주 특별한 경험입니다.

- 아이가 게임을 접하는 초기 단계에서 부모의 태도가 매우 중요합니다. 게임은 텔레비전 시청보다 더욱 엄격하게 통제해야 한다는 사실을 잊지 마세요!
- 게임을 하는 시간은 반드시 '숙제를 마치고 난 뒤'부터여야 합니다. 공부할 때와 게임할 때의 시간을 정확하게 구분시켜 주세요.

꼭대기에 올라야
다른 산이 보인다

: 하루 30분은 '집중하는 시간'

여러분도 이미 경험해서 알겠지만 공부할 의욕이 없는 아이에게 잔소리는 오히려 역효과를 부릅니다. 이럴 때는 엄마가 참을성 있게 기다리거나 애초에 공부할 시간을 약속하여 정해 놓는 편이 좋습니다. 교육환경 설정 컨설턴트로서 제 조언은 다음과 같습니다.

"하루에 30분은 '집중하는 시간'으로 정하라!"

예를 들어, 저녁 식사 전후로 딱 30분을 정해 자신이 하고 싶은 공부를 하는 것입니다. 숙제를 하거나 과목별 복습 또는 독서나 글쓰기를 하는 것도 좋습니다. 이 시간에는 무조건 '제한된 시간 내에 제대로 학습'하는 데 목표를 두어야 하죠.

우선 아이의 수준에 맞는 교재를 골라 주세요. 그리고 '스톱워치'와 '스탬프'를 준비하세요. 스톱워치로 시간을 재면 (특히 산수나 계산, 암기 위주의 문제집을 풀 때) 아이는 제한된 시간 안에 과제를 해결하기 위해 긴장을 늦추지 않습니다. 그러다 보면 과제에 집중하기 시작하고, 이때의 시간이 아이의 머리를 똑똑하게 만들어 줍니다.

아이가 예상보다 빨리 끝내면 반드시 칭찬해 주어야 합니다. 이럴 때 사용하면 좋은 도구가 '스탬프'입니다. (스탬프는 가능하면 '참 잘했어요', '잘했어요', '조금 더 힘내요'와 같이 3단계로 준비해 주세요.) 이렇게 스탬프를 찍어 주면 의외로 많은 아이들이 즐거워합니다. 스탬프를 더 받고 싶은 마음에 공부하고 싶은 의욕이 솟는 거죠. 스탬프 대신 스티커를 줘서 직접 붙이게 하는 것도 좋은 방법입니다. 공부가 끝나면 아이가 하고 싶어 했던 놀이를 하며 함께 놀아주거나 평소 먹고 싶어 했던 간식을 주는 등 적절한 '보상'을 내려 주는 것도 잊지 말아야 합니다.

아이가 더 컸을 경우에는 한 가지 더 중요한 포인트가 있습니다. 짧은 시간 동안 공부에 집중하여 머리가 가장 좋은 상태가 되면, 재빨리 비슷한 과제를 내주어 집중하는 시간을 조금씩 늘려 가는 것입니다. 예를 들어 계산 문제를 풀었다면 다음에는 도형 문제를 풀어 보게 하고, 축구공을 차고 놀았다면 다음에는 야구공을 던져 보게 한다거나, 책을 읽고 감동을 받았다면 그 감정을 글로 표현해 보게 하는 것처럼요.

한 가지에 몰입하여 끝까지 파고든다는 것은 최고조를 경험했다는 뜻입니다. 그 꼭대기에 올랐을 때 비로소 다른 산이 보이는 법이죠. 물론 아이가 처음에는 힘들어할 수 있겠습니다만, 아무리 눈에서 멀어 보여도 막상 손을 뻗으면 닿을 수 있음을 스스로 깨우치게 하는 것이 중요합니다. 이때 부모님들은 아이가 실패를 두려워하지 않고 손을 내밀 수 있도록 뒤에서 도와주는 자세가 필요합니다.

- 하루에 30분은 아이에게 '하고 싶은 공부'를 시키세요. 스톱워치를 이용해 제한된 시간 내에 과제를 달성하게 하면 아이의 집중력이 더욱 높아집니다.
- 한 가지에 몰입하여 성취한 경험이 쌓이면, 아이는 다른 일에 도전할 때도 실패를 두려워하지 않게 됩니다.

"엄마, 내 머리가 좋아지고 있어요!"

: 머리를 좋게 하는 '엄마의 말'

    아이의 공부머리를 키워 주기 위해 부모님들이 지켜야 할 습관은 참으로 많습니다. 그중에서도 제가 가장 강조하는 것이 바로 '집중력'입니다. 앞서 말했듯 아이들이 놀이든 공부든 무언가에 열중하는 순간이 바로 '머리가 가장 좋은 상태'니까요. 이번에는 '머리 좋은 상태'를 가능한 더욱 길게 유지하는 방법에 대해 이야기하고자 합니다.

아이 스스로에게 '내 머리가 좋아지고 있다'라는 사실을 자각하게 만드세요. 구체적인 예를 들어볼까요? 어떤 아이들은 엄마가 "나와서 밥 먹자!" 하고 불러도 집중하느라 대답하지 않는 경우가 있습니다. 심한 아이들은 날이 어두워지는 줄도 모르죠. 이런 상황은 아주 좋은 현상이며, 엄마는 절대로 방해해서는 안 됩니다. 그냥 조용히 지켜봐 주세요. 대신 집중하는 상황이 끝났을 때 "집중을 잘 했으니 머리가 아주 좋아졌겠다!"라고 말해 주세요.

자신의 머리가 좋아지고 있다는 사실을 아이 스스로에게 인지시키는 일은 무척 중요합니다. 물론 처음에는 자신이 무언가에 집중함으로써 머리가 좋아지고 있는지 알아채기가 어렵죠. 그럴 때 엄마가 옆에서 "와, 지금 굉장히 집중했어! 대단한데? 역시 우리 ○○는 머리가 좋구나!"와 같이 칭찬해 주면 아이는 자신이 집중하는 동안 머릿속에서 어떠한 변화가 일어나고 있음을 의식하게 됩니다. 이 변화를 깨우치면 나중에는 필요할 때 스스로 집중하는 방법을 터득하게 되어 공부 효과를 최대치로 끌어낼 수 있습니다.

여기서 그치지 말고 한 발 더 나아가 "우리 ○○의 똑똑한 머리로 또 무엇을 할 수 있을까? 다른 것도 해보자!" 하고 새로운 자극을 받아들이도록 유도하세요. 이 과정을 지속적으로 반복하면 아이의 머리는 훨씬 더 빠르게 좋아질 겁니다. 반대로 아이가 "이제 하기 싫어요!", "못 하겠어요……." 하고 좀처럼 집중하지 못할 때도 있을 테죠. 이럴 때는 엄마의 조언이 필요합니다. 먼저 "잘 안 된다고 해서 짜증을 내면 안 돼!" 하고 단단히 일러 주세요. 그런 다음 자신의 기분이나 감정에 대해 잘 생각해 보고, '지금 하고 싶은 게 무엇인지' 생각해서 알려 달라고 하세요. 그러면 아이의 머릿속에서는 '무언가를 하는 것'에서 '무언가를 생각하는 것'으로 사고의 방향이 전환됩니다. 자신이 하고 싶은 것을 스스로에게 묻는 거죠. 이렇게 생각하는 과정 자체 역시 '머리가 좋아지는 순간'입니다.

- 아이에게 '자신이 오랫동안 집중했다'는 사실을 인지시켜 주세요. 그러면 나중에는 스스로 집중하는 방법을 터득하게 됩니다.
- 아이가 좀처럼 집중하지 못할 때는 혼내지 말고 '지금 무엇이 하고 싶은지' 천천히 생각해 보게 하세요.

무조건 정신없이 놀아야 한다

: 판단력과 창의력을 기르는 힘

아이가 야외로 나가 뛰어노는 일은 굉장히 중요합니다. 모든 학습은 자신이 직접 체험하면서 터득한 경험을 바탕으로 이루어지는 것은 물론, 놀면서 아이들이 얻을 수 있는 긍정적인 효과들이 의외로 꽤 많기 때문이죠. 어떻게 보면 '놀이'는 집중력을 키워 주는 일종의 훈련이기도 합니다. 밖에서 노는 것만큼 아이가 집중하는 때도 없으니까요.

중요한 사실은 아이가 중학생이 되어 본격적으로 입시 공부에 들어서면, 어릴 때 뛰어놀며 축적된 경험들이 강력한 공부 동기로 바뀐다는 것입니다. 실제로 제가 명문대에 입학시킨 학생들 중에는 "지금껏 충분히 놀았으니, 이제는 미래를 위해 공부해 볼래요!"라고 말한 아이들이 의외로 많았습니다. 반면 "초등학교 때 여러 학원에 다니느라 놀 시간이 없었어요"라고 답한 아이들은 대부분 중고등학교에 진학해서 성적이 확 떨어지거나 좀처럼 공부에 열중하지 못했습니다. 놀 수 있을 때 충분히 놀지 못하게 한 부모님을 원망하는 아이들도 있었죠. 물론 어릴 때 제대로 놀지 못해도 공부를 잘하는 아이가 있긴 하나 이 경우도 문제입니다. 성적은 좋을지언정 스스로 생각하고 결정하는 '주체성'이 부족하기 때문이죠. 그러면 훗날 자신이 하고 싶은 일이 무엇인지조차 제대로 모르는 어른으로 성장하고 맙니다.

제가 부모님들에게 "아이가 실컷 놀게 냅둬라!" 하고 말하는 이유는 또 있습니다. 잘 노는 아이들은 대체적으로 머리가 좋기 때문이죠. 흔히 '똑똑하다'와 '머리가 좋다'는 말을 같은 의미로 사용하지만, 저는 이 두 가지를 명확하게 구분합니다. 똑똑한 아이란 정확히 말하자면, 공부를 잘하는 아이입니다. 하지만 머리 좋은 아이는 단순히 공부를 잘

하고 못하고의 기준만으로 판단할 수 없죠. 바꿔 말해 똑똑한 아이가 공부를 잘하는 소양을 갖추었다면, 머리 좋은 아이는 사물의 본질을 간파하는 능력을 갖추었다는 말입니다.

제 주변 지인들 중에는 유독 아이디어가 뛰어난 사람들이 있습니다. 한번은 그 비결이 궁금해 자세히 관찰해 봤는데, 그들에게서 '충분히 놀며 성장했다'는 공통점을 발견했습니다. 공부를 전혀 못한 편은 아니었어도 대부분 입시에 실패한 사람들이었죠. 여기서 제가 얻은 결론은 '머리가 좋다'라는 말은 '판단력과 창의력이 좋다'는 말과 상관관계가 높다는 사실입니다. 머리가 좋은 사람들은 발상이 좋고 새로운 무언가를 창조하는 데 뛰어납니다. 그리고 그 판단에 기초하여 실천 행동을 해야 하므로 판단력이 좋을 수밖에 없습니다. 다시 말해, 기성세대들이 만든 가치관이나 틀 안에서 뛰어난 성과를 내는 사람이 '똑똑한 사람'이라면, '머리 좋은 사람'은 기존의 가치관과 틀에서 벗어나 완전히 새로운 것을 만들어 낼 줄 아는 능력을 지녔죠.

그렇다면 어떻게 해야 판단력과 창조력을 갖춘 아이로 키울 수 있을까요? 이 두 가지 능력은 책상에 앉아 있을 때가 아닌, 밖에서 뛰어놀 때 발달됩니다. 특히 여럿이 어울려 노는 단체 놀이를 할 때 말이죠.

'깡통 차기 놀이'를 예로 들어볼까요? 깡통 차기는 술래가 바닥에 세워 놓은 깡통을 지키면서 동시에 숨어 있는 아이들을 찾아내고, 한 아이를 찾을 때마다 그 이름을 크게 외치며 깡통을 차야 하는 놀이입니다. 만약 찾은 아이의 이름을 잘못 부르거나 자신이 찾기 전에 숨어 있던 아이가 먼저 깡통을 걷어차면 술래가 바뀌지 않고 처음부터 다시 게임이 시작됩니다. 몇 명이 붙잡혀도 누군가 몰래 다가와 술래보다 먼저 깡통을 차면, 잡혀 있던 아이들은 모두 풀려나 도망갈 수 있습니다. 그러면 술래는 깡통을 원래 자리로 되돌려 놓고 다시 한 번 숨어 있는 아이들을 찾기 시작하는데, 만약 모든 아이를 찾는 데 성공하면 술래가 바뀌고 가장 처음 잡힌 아이가 다음 술래가 됩니다.

놀이가 반복되면 아이들은 슬슬 '어떤 규칙을 추가하면 더 재미있을까?' 고민하기 시작합니다. 이때가 바로 창의력이 길러지는 순간이죠. 가령, 훤히 다 보이는 운동장 한가운데에 깡통을 세워 두면 술래에게 잡히기 쉬울 테니, 숨을 곳이 많은 장소를 선택하는 거죠. 혹은 찌그러진 깡통은 바로 세우기가 힘들고 큰 깡통은 잘 날아가지 않는다는 사실을 깨달으면, 어떤 깡통을 골라 세워야 할지 고민을 하게 되고요. 놀이를 통해 뛰어난 관찰력을 익히는 아이도 생기고 숨을 때 누가 대체로 어디에 숨는지, 어떤 타이밍에 깡통을 차러 나타나는지 등을 간파하는 아이들도 나타납니다. 술래를 맡은 아이의 습성을 잘 파악해 능숙하게 깡통을 차는 아이가 나오기도 하는데, 이는 '술래에게 들키지 않고 언제 깡통을 찰까?' 하는 질문에서 찰나의 '판단력'이 요구되는 부분이기도 합니다.

이 단계에서 독특하고 재미있는 새 규칙을 제안하거나 참여하는 아이들이 늘어나면 규칙을 더욱 진화시키기도 합니다. 단순히 숨는 것에 그치지 않고 옷이나 모자를 교환해 술래를 교란시키기도 하죠. 그러면 술래도 나름대로 일망타진할 계략을 짜는데, 이를 본 아이들 역시 술래의 사각지대에서 깡통을 노리려고 합니다.

자, 이런 관점으로 깡통 차기를 하는 아이들의 모습을 바라보세요. 이제 노는 일이 아이들의 판단력과 창의력을 발달시키는 일종의 훈련 과정으로 보이지 않나요? 이러한 경험들이야말로 훗날 어른이 되어서도 새로운 아이디어를 떠올리고, 그에 따라 어떤 선택과 행동을 할지 판단하는 데 중요한 기반이 되지요.

오늘날 아이디어가 뛰어난 인재들은 이처럼 친구들과 어

울려 뛰어놀아 본 아이들 중에서 나온다는 사실을 꼭 기억하세요. 아이의 판단력과 창의력을 기르는 힘은 바로 '정신없이 노는 데' 있습니다.

- 아이가 밖에서 실컷 놀아도 걱정하지 마세요. 어릴 때 놀면서 축적한 경험이 나중에는 강력한 공부 동기로 바뀔 수 있습니다.
- 친구들과 여럿이 어울려 노는 단체 놀이는 판단력과 창의력을 길러 주는 훈련 과정과도 같습니다.

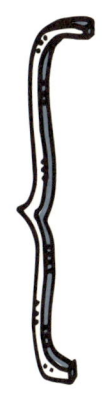

스스로 묻고 답하는 아이는 옳은 결정을 한다

: 자문자답하는 습관

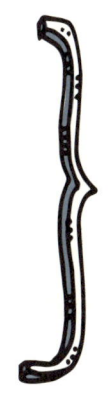

    문제집을 풀다 보면 대부분 잘 모르거나 자꾸 틀리는 문제는 그냥 넘어가는 아이들이 있습니다. 이런 경우에는 '우뇌'를 사용하여 풀게 도와주어야 합니다. 반복해서 같은 질문을 우뇌에게 하는 것이죠. 문제를 반복해서 풀려고 할 때, 아이는 자신의 뇌에 '어떻게 해야 잘 풀 수 있을까?' 하고 계속해서 묻습니다. 좌뇌가 처리하지 못한 문제를 우뇌에게 묻는 거죠. 이런 질문의 과정을 거치지 않으면 문제는 풀리지 않습니다. 이 말은 우뇌를 사용한 자문자답의 과정을 거쳐야만 그다음 행동을 결정할 수 있다는 뜻과 같죠.

실제로 공부를 할 때, 특히나 입시 공부는 이해와 기억을 담당하는 좌뇌에 편중되기 쉽습니다. 하지만 좌뇌만 지나치게 사용할 경우, 우뇌가 담당하는 기능인 상상력이나 감수성이 상대적으로 약해지고 맙니다. 상대방의 마음을 감정적으로 이해하지 못하기 때문에 소통하는 데 서툴 가능성이 높죠. 학자처럼 좌뇌를 많이 사용하는 사람들이 일부러 클래식 음악을 자주 듣는 이유도 이 때문입니다. 천재 과학자 아인슈타인 역시 쉬는 시간마다 바이올린을 연주했다는 유명한 이야기가 있죠. 이는 의식적 혹은 무의식적으로 자신의 뇌 기능을 조정하는 것입니다.

이처럼 우뇌의 기능을 저하시키지 않기 위해서는 직관적으로 판단하는 연습이 필요합니다. 예를 들어, 메뉴를 정할 때 아이에게 "오늘은 뭐 먹고 싶니?" 하고 물으면 아이가 "아무거나"라고 대답하지 않고 바로 "햄버거!"와 같은 구체적인 대답을 할 수 있도록 유도해야 한다는 말입니다.

제가 상담했던 학부모 중에 한 아빠는 외식을 하러 가기 전에 반드시 아이에게 "뭐 먹을까?"라는 질문을 던진다고 합니다. 그때 아이가 "몰라요" 혹은 "아무거나 좋아요"라고 대답하면 "그래? 그럼 오늘 외식은 없던 걸로 하자꾸나. 아무거나 좋다는 것은 없어. 뭐든 좋으니까 네 의견을 정확하게 얘기해라" 하고 가르쳤지요. 만약 아이가 즉각 대답하지 못하고 오래도록 생각만 한다거나 자신의 의견을 제대로 얘기하지 못한다면 자문자답 하는 습관을 들여 주세요. 이를 위해서는 평소에 사소한 일이라도 결정을 내려야 할 때마다 아이에게 질문을 던져야 합니다.

"이번 주말에는 뭐 하고 싶니?"

"커튼을 바꾸려고 하는데 어떤 색이 좋을까?"

"아빠 생신 선물로 무얼 사서 드릴까?"

이런 질문을 자꾸 하면서 아이가 스스로에게 '나라면 어떻게 하지?' 하고 자문자답하여 결정하는 습관을 들여 주세요. 부모님 대부분이 자문자답을 대수롭지 않게 넘기는데, 이는 아이가 스스로에게 질문함으로써 학습 능력을 키울 수 있는 기회를 놓치는 일과 같습니다.

뿐만 아니라 스스로에게 질문하고 대답을 얻으려는 습관은 훗날 아이가 어떤 문제나 상황에 직면했을 때 올바르게 사고하고 판단하며 행동하는 일과도 관계가 있습니다.

가령 친구들이 누군가를 따돌리려 하거나 나쁜 일에 가담하기를 권할 때, 아이는 스스로에게 '이 행동이 과연 옳은 것일까?', '이 행동을 했을 때 부모님을 실망시키거나 나 자신도 후회하지 않을까?' 하는 식의 질문을 끊임없이 던지게 되죠. 자기 안에 있는 내면이 대답을 내리면 비로소 행동으로 옮기게 되는데, 이런 과정을 거친 경우는 대개 옳은 결정을 내립니다.

- 공부를 할 때는 좌뇌 기능에 편중되기 쉬우므로 일상 속에서 자문자답하는 과정을 통해 아이의 우뇌를 활성화시켜 주세요.
- 아이에게 "네 생각은 어때?", "어떻게 하면 좋을까?" 하고 자주 물어보세요. "아무거나요", "모르겠어요"라는 대답 대신 자신의 의견을 구체적으로 정확하게 말하는 습관을 들여 주세요.

Part.1 아이의 공부머리를 키우기 위해 엄마가 실천해야 할 것들

Part.2
공부하기 싫어하는 아이도 스스로 책상에 앉게 만드는 비결

"왜 공부해야 돼요?" 라고 아이가 물어올 때

: 아이가 보내는 SOS 신호

　아이가 초등학교 고학년이 되면 서서히 말을 듣지 않기 시작합니다. 부모가 무언가를 시켰을 때 '왜 이걸 해야 되지?' 하는 의문이 먼저 드는 겁니다. 특히 그 무언가가 공부라면 부모와 아이 사이의 신경전은 더욱 치열해집니다. 이때, 아이가 무심코 던지는 말들 중에서도 주의 깊게 들어야 할 말이 있습니다. 바로 이 말이죠.

"공부 같은 걸 왜 꼭 해야 돼요? 그냥 안 하면 안 돼요?"

아이가 이렇게 물을 때마다 어떤 대답을 해야 할지 모르겠다는 엄마들이 많습니다. 만약 이 책을 읽고 있는 여러분의 아이가 "왜 공부해야 돼요?"라고 묻는다면 그 즉시 긴장해야 합니다. 아이의 그 말은 지금 엄마가 하고 있는 지도 방법이 잘못되어 가고 있다는 적신호와 같으니까요.

이런 질문을 하는 아이들은 현재 자신의 실제 능력보다 더 높은 수준의 과제를 수행하고 있거나 혹은 소화할 수 있는 기준치보다 더 많은 양을 공부하고 있을 가능성이 높습니다. 대개 입시 학원을 다니는 아이들이 여기에 속하죠.

앞서 말했듯이 아이들은 초등학교 고학년이 되면서부터 말을 듣지 않기 때문에, 많은 엄마들이 이 시기부터 아이를 학원에 보내기 시작합니다. 학년이 점점 올라갈수록 학교에서 배우는 학습량만 해도 충분히 많은데 여기에 학원까지 다니니, 예습과 복습하는 시간의 양이 전보다 엄청나게 늘어나죠. 부모 입장에서는 아이가 갑자기 건방지게 말대꾸를 하는 것처럼 보일지 모르나 실은 도움을 요청하고 있는 것입니다.

우선 아이가 지금 풀고 있는 교재나 문제집을 들여다보

세요. 아이의 수준이 어느 정도인지 파악했다면, 문제집에서 아이가 풀 수 있을 법한 문제와 정해진 시간 동안 풀어야 하는 문제 수에 표시해 주세요. 이런 식으로 부모가 학습량을 조절해 주면 나중에는 자신이 할 수 있을 만큼 스스로 조절이 가능해집니다.

모든 아이들은 저마다 성장 속도가 다릅니다. 아이의 능력을 초월해서 해야 하는 일이 매일 주어진다면, 마치 잔업이 계속되는 회사원과 다를 바가 없을 것입니다. 이는 절대 올바른 지도 방법이 아닙니다. 부모는 귀찮더라도 아이에게 시킬 공부의 적정량에 대해 항상 생각해야 할 의무가 있습니다.

- "왜 공부해야 돼요?"라는 아이의 질문을 흘려 듣지 마세요. 아이는 말대꾸를 하는 게 아니라 도움을 요청하는 것입니다.
- 아이의 교과서와 문제집을 항상 들여다보고 그에 맞는 학습 수준과 분량을 조절해 주세요.

명문대생 엄마는
공부하라고 말하지 않는다

: 공부 의욕을 솟게 하는 엄마의 칭찬

    제가 상담했던 아이들 중에는 유독 자발적으로 공부하는 아이나 이상하리만큼 유혹을 잘 참으며 목표를 향해 노력하는 아이들이 있었습니다. 하루는 그중 한 아이가 제게 이런 이야기를 하더군요.

    "초등학교 2학년 때였어요. 매일 저녁 식사를 마치고 나면 엄마랑 30분씩 공부를 했는데요, 어느 날 갑자기 정전이

된 거예요. 속으로 '오늘 공부는 쉬겠네, 잘됐다!' 하고 신나 있는데 엄마가 어디서 양초를 들고 오시더라고요. 그러더니 불을 붙이고는 "자, 시작하자!" 하시는 거예요. 전 그때 깨달았어요. '우리 엄마는 어떤 상황이라도 절대 봐주지 않는구나' 하는 걸요."

흥미로운 사실은 엄마가 잔소리하지 않아도 알아서 공부하는 아이들 중에는 의외로 (전혀 의외가 아니게도) 이런 생각을 하는 아이가 많다는 것입니다. '내가 어떤 핑계를 대더라도 어차피 통하지 않는다'는 것을 일찍이 깨달은 셈이죠.

또 이런 말을 한 아이도 있었습니다.

"언젠가 우연히 엄마가 거실에서 친구 분과 통화하는 걸 들은 적 있어요. 그때 "나는 잘난 것도 없고 제대로 해준 것도 없는데 우리 애가 알아서 잘하니까 얼마나 기특한지 몰라!" 하는 말을 듣고서 엄마를 기쁘게 해드려야겠다는 생각이 들었죠. 그래서 공부를 더 열심히 했어요."

듣기에 따라 마마보이같이 느껴질 수도 있겠으나, 당사자의 엄마가 들으면 눈물을 흘릴 만한 이야기일 겁니다. '공부로 엄마에게 보답하고 싶다'던 이 아이는 현재 도쿄 대학 졸업 후 사법 시험에 합격했습니다. 사람은 소중하게 생각하는 누군가를 위할 때, 비로소 마음이 움직이고 해내려는 의지가 강하게 발휘된다는 진리를 떠올리게 하는 사례죠.

이 말은 바꿔 말하면, 아이가 도통 스스로 공부하지 않을 경우 엄마와 아이의 관계에 문제가 있을 가능성이 높다는 사실을 의미합니다.

'엄마가 기뻐할 일을 하고 싶다!' 하는 마음에서 시작되는 변화는 특히 남자아이에게서 보이는 경우가 많습니다. 엄마가 너무 좋아서 견딜 수 없는 것입니다. 만사 제쳐 두고 엄마가 제일인 거죠. 이런 아이들은 초등학교 고학년이 되어서도 엄마가 기뻐할 만한 일을 자발적으로 합니다. 이 감정은 훗날 연인이 될 대상에게로 옮겨 가지요.

○ 공부 잘하는 아이로 키우고 싶다면 아이와 좋은 관계를 유지하세요!

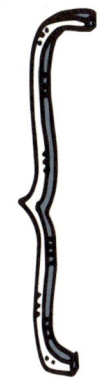

복습 잘하는 아이가
머리 좋은 아이를 이긴다

: 0세~초등학생, 연령별 복습 습관

도대체 어떻게 하면 아이가 스스로 공부하게 만들 수 있을까요? 저는 약 20년 가까이 상담을 진행한 소위 '교육 전문가'라서 눈앞에 있는 아이들은 곧바로 공부시킬 수 있습니다. 하지만 제 눈을 벗어나 집에서도 스스로 공부할 수 있게 만들 자신은 없습니다. 그래서 항상 입에서 신물이 나도록 아이들에게 말하고 있죠.

"잘 들으렴, 집에 가서 오늘 배운 내용이 머릿속에 확실히 들어올 때까지 충분히 복습하는 거야. 그러지 않으면 아무리 열심히 공부해도 금세 잊어버리고 말아. 내 것으로 만들지 못한 지식은 다 쓸모없단다."

『논어』의 서두에는 '배우고 익히면 즐겁지 아니한가'라는 유명한 말이 있습니다. 이 말은 '배운 뒤 복습하는 것 또한 즐거운 일이다'라는 의미로 '복습'의 중요성을 의미하죠. 그간 수많은 상담 경험을 미루어 보건대, 어렸을 때부터 복습하는 습관이 몸에 밴 아이는 학년이 올라갈수록 확실히 공부를 잘합니다. 아무리 머리가 좋고 능력이 뛰어난 아이라 해도 착실하게 복습하는 아이를 절대 이길 수 없습니다. 저는 공부를 잘한다는 것이 곧 복습을 꾸준히 한다는 것과 같다고 생각합니다. 실제로 공부에 있어서 복습이 가장 중요하니까요. 복습하는 습관은 주로 가정에서 길러지기 때문에, 부모님들은 아이의 성장에 맞춰 적절한 교육 환경을 설정해 주려 노력하는 것이 필요합니다.

지금부터는 각 연령대별로 부모가 어떤 교육 환경을 만들어 주어야 하는지 자세히 이야기해 보겠습니다.

[0~4세] 집중과 반복, 정리정돈 잘하기

　0~4세 유아들은 주변의 모든 사물이나 현상을 처음 접합니다. 흥미로운 한 대상에 반복적으로 접촉을 하다가 이내 관심이 주변으로 확대되면서 다양한 경험을 하기 시작하죠. 이 아이들에게 복습이란, 자신이 좋아하는 일을 반복하는 것입니다. 순수하게 즐기면서 익혀 나가는 단계죠.

　그래서 이 시기에는 '같은 일을 반복하는 습관'과 '집중력을 길러 주는 것'이 매우 중요합니다. 아이가 반복해서 한 가지 일에 집중할 수 있고, 일단 집중하기 시작하면 그 집중력을 지속시킬 수 있을 만한 교육 환경을 설정해 주어야 한다는 말입니다. 한창 집중하고 있는데 방해한다거나 혼을 낸다면 아이에게 '집중하는 일이 나쁜 것'이라는 인식을 심어 주게 되어 역효과가 납니다.

　가령, 아이가 놀다가 방을 잔뜩 어지럽혔다고 해보죠. 이럴 때는 우선 아이가 '노는 데 집중한 것' 자체를 칭찬해 주어야 합니다. 엄마가 화를 내지 않으면 아이는 자신이 무엇을 하며 놀았는지 신이 나서 자랑할 것입니다. 일단 아이의 말을 끝까지 잘 들어주세요. 그런 다음 "이 장난감들을 이대로 놔둔다면 다른 놀이를 할 수 없을 거야. 우리 같이 이 장난감을 치우고 다른 재미있는 놀이를 해볼까?" 하고 아이를 도와 정리하는 것이 정답입니다. 만약 아이가 적극적으로 정리정돈을 한다면 크게 칭찬하며 '정리정돈 하는 일'이 아주 훌륭한 행동이라는 인식을 심어 주세요. 이게 바로 집중, 반복, 정리정돈을 습관화시키는 비결입니다. 이것을 잘하는 엄마는 아이를 능숙하게 다루며, 대부분 자녀와 잘 놀아 줍니다.

[5~7세] 엄마와 함께 책 읽기

어린이집이나 유치원에 다니기 시작한 5~7세는 전보다 더욱 다양한 경험을 축적합니다. 곤충 채집이나 꽃 따기 등 신체 성장에 따라 훨씬 자유롭게 활동하고, 손재주가 발달해 그림 그리기와 만들기도 척척 해내지요. 언어 능력도 현저히 향상되어 그림책도 자주 보는데, 책을 읽어 달라고 자꾸 조르기 시작합니다. 블록 쌓기 같은 놀이에도 갈수록 능숙해지고, 아예 놀이터에서 하루 종일 노는 아이들도 생겨납니다.

이 시기에는 '집중력'과 '감수성'을 길러 주려는 노력이 필요합니다. 집중력을 기르는 데 가장 좋은 방법은 '책 읽기'죠.

이 시기의 아이들은 '같은 책의 같은 이야기'만 읽어 달라고 합니다. 세 번은 기본이고 대여섯 번을 넘기는 경우도 허다하죠. 이때 아이와 끝까지 함께해 주는 자세가 중요합니다. 앞서 말했듯 똑같은 내용을 집요하게 반복하는 일은 아이의 집중력을 키워 주고, 두뇌 회전을 빠르게 만드는 데 큰 도움이 됩니다. 이때가 바로 머리가 좋아지는 순간인 거죠. 사실, 아이가 책을 읽어 달라고 하는 건 굉장한 일입니다. 이럴 때 엄마가 "한 번 더 읽고 싶구나? 대단한걸. 우리 ○○는 이 이야기를 좋아하네. 그럼 우리 다시 한 번 읽어 볼까?"와 같이 말해 주면, 아이는 같은 내용을 반복하는 일에 뿌듯함을 느낍니다. 이런 식으로 자연스럽게 독서를 즐기는 습관을 들여 주세요.

같은 책을 반복해서 듣다 보면 머지않아 아이는 내용은 물론 문장을 아예 통째로 기억하기 시작합니다. 듣는 태도에도 제법 여유가 생겨, 책을 읽어 주던 엄마가 '얘가 듣고 있긴 하나?'라는 생각이 들만큼 딴짓을 하는 경우도 잦습니다. 실제로 아이들은 제대로 듣고 있습니다. 단지 듣는 게 익숙해졌을 뿐이죠.

간혹 엄마가 주인공의 이름을 잘못 읽거나 한 문장이라도 빠뜨리면 바로 "틀렸어!"라고 지적하는 아이가 있습니다. 그러면 "와, 대단해! 정말로 잘 듣고 있구나" 하고 칭찬해 주세요. 이건 단순히 그림책 한 권을 완벽히 외웠다는 것 이상의 의미를 지닙니다. 이 시점부터 비로소 글자를 읽을 수 있는 능력을 갖춘 셈이니까요. 설령 글자를 읽지 못해도 책을 펼쳐 '읽기'가 가능해집니다. 이때 부모가 아이와 함께 책 속 글자를 하나하나 읽어 나가면 아이는 순식간에 글자를 읽을 수 있게 됩니다. 아니, 그 전 단계에서 이미 글자를 기억하는 경우도 있습니다. 많은 부모님이 이럴 때 '혹시 우리 아이는 천재가 아닐까?'라고 생각하는데, 모든 아이에게 충분히 일어날 수 있는 일입니다.

엄마의 '책 읽어 주기'는 아이가 초등학생이 되고 나서 해도 효과가 있습니다만, 이때부터는 아이도 함께 소리 내어 읽게 하는 것이 좋습니다. 소리 내어 읽는 연습을 하면 말을 잘하게 됩니다. 국어의 리듬을 깨닫기 때문이죠. 게다가 학년이 올라갈수록 언어 이해력도 높아집니다. 제가 다년간에 걸쳐 직접 실천해 온 교육법이므로 결코 과장된 말이 아닙니다.

저만의 책 읽어 주기 방법의 핵심은 그냥 술술 읽는 것이 아니라 '한 글자씩 구별하여 읽는 것'입니다. 이를테면 '옛날 아주 먼 옛날 한 할아버지가……'라는 식이 아니라 '옛∨날∨아∨주∨먼∨옛∨날∨한∨할∨아∨버∨지∨가……'와 같이 마치 걸을 때의 리듬처럼 한 자, 한 자 구별하여 읽어 주는 것이죠. 한 글자씩 구별하여 읽는 것은 저만의 '소리 내어 읽기 방법'이기도 합니다.

물론 여러분도 집에서 쉽게 따라 할 수 있습니다. 아이와 나란히 앉아 그림책을 펼치고 함께 소리 내어 읽어 보세요. 아이는 책 속 그림이나 글자를 따라가며 엄마의 목소리를 듣는데, 이를 반복하면 글자를 쉽게 기억하죠. 신기하게도 글자를 기억하면 다음에는 자신이 직접 책을 읽고 싶어 합니다. 결국 엄마의 책 읽어 주기는 아이가 스스로 독서를 시작하게 만드는 궁극의 비결이라고도 할 수 있습니다. 읽어 주기에 적합한 책은 글에 리듬감이 있는 그림책이 가장 좋습니다. 자신이 어린 시절 부모님이 읽어 주었던 책도 괜찮습니다. 대대로 부모와 자녀가 같은 책을 읽으면 언젠가 반드시 도움될 때가 올 테니까요.

[8~10세] 집에 돌아오면 숙제부터 하기

초등학교에 들어가면 아이의 환경은 크게 변합니다. 교실에서 친구들과 함께 집단생활을 하며, 자리에 가만히 앉아서 선생님 말씀을 들어야 하죠. 학교에서 지켜야 할 규칙을 외우고, 선생님의 알림사항을 부모에게 전달하며, 숙제를 마치면 다음 날 등교할 준비를 해야 합니다.

이 시기부터 부모님들이 공부 문제로 아이를 혼내거나 잔소리하기 시작합니다.

스스로 알아서 하는 아이로 키우고 싶다면, 아이가 초등학교에 들어가기 전에 초등학교는 어린이집이나 유치원과는 다르다는 것을 충분히 설명해 주세요. 특히 학교에서 돌아오면 가장 먼저 숙제를 해야 하는데, '숙제는 곧 나의 머리를 좋아지게 만드는 즐거운 일'이라는 긍정적인 인식을 심어 주어야 합니다.

모름지기 모든 일은 처음이 중요한 법. 아이가 처음으로 숙제를 할 때는 옆에서 즐겁게 도와주세요. 만약 숙제가 예상보다 빨리 끝나면 서로 기뻐하는 자세가 좋습니다. 무엇보다 아이가 집에 돌아오자마자 가장 먼저 숙제부터 하는 습관을 들이도록 지도하려는 노력이 필요합니다.

숙제하는 습관을 들이고 나면, 그다음부터는 매일 30분씩 그날 배운 내용을 복습하도록 시킵니다. 초등학교 저학년 때 중요한 학습은 바로 '국어 능력'과 '연산 능력'이죠. 그렇기 때문에 주로 국어와 연산 훈련을 복습하게 하여, 아이가 학교 수업에 자신감을 갖고 즐기게끔 만드는 게 중요합니다. 이를 위해서는 부모님이 먼저 학교 수업 진도를 정확히 파악하고, 아이의 수준에 맞는 문제집을 준비하여 풀게 하는 것이 좋습니다.

[11~13세] 아이의 능력을 유심히 관찰하기

초등학교 고학년이 되면 학교에서 일어난 다양한 경험이나 또래 친구들과 어울리면서 자신이 하고 싶고 관심 있는 분야에 적극적으로 손 내밀기 시작합니다. 가령, 방과후 친구들과 공을 차던 아이가 축구부에 들어가 본격적으로 축구를 배우는 등 지금껏 쌓아 온 경험과 지식을 토대로 보다 높은 수준에 도전하죠.

학습 내용도 고학년 때부터 급격히 어려워집니다. 기초를 탄탄하게 다지지 못한 아이들은 결국 어중간한 학습 능력 탓에 한 단계 더 높은 수준으로 오르지 못하기 때문에 부모님의 세심한 주의가 필요합니다. 좀 더 구체적으로 말하면, 초등학교 2학년 때 배우는 곱셈을 못할 경우 그다음 단계인 나눗셈을 배울 수 없습니다. 또한 제 경험상 두 자릿수의 받아올림이나 내림을 암산하지 못하는 아이는 초등학교 고학년 산수 실력이 뒤처져 수업 진도를 따라가기 힘듭니다. 이런 현상은 필기를 열심히 하는 여자아이들에게서 많이 일어납니다. 열심히 받아 적지만, 정작 필기한 내용을 자기 머릿속에 전혀 넣지 못한다고 볼 수 있죠.

사칙 연산에 약한 아이들은 문제의 문장이 조금만 복잡해져도 문제가 묻는 내용이 무엇인지 파악하지 못해 도중에 포기하고 맙니다. 이런 경우는 산수를 못한다기보다 국어 이해력이 부족하기 때문입니다. 이래서는 학원에 다녀 산수를 배워도 계산 정도밖에 못 하죠.

초등학교 고학년일 경우에는 아이가 어떤 과목을 잘하고 못하는지 유심히 관찰해야 합니다. 특히 앞서 언급한 국어 이해력과 연산 능력, 암산 능력이 뒤처진다고 판단될 때는 부모가 직접 감독하며 공부시키길 권합니다. 그중에서도 국어 이해력은 정말 중요하기 때문에 이 시기에 반드시 잡아 주어야 합니다. 국어 이해력이 부족하면 나중에 다른 교과목들에서도 절대 좋은 성적을 받을 수 없다는 사실을 명심하세요.

- 공부를 잘한다는 것은 복습을 꾸준히 한다는 것과 같습니다.
- 0~4세 아이들에게 복습이란, 자신이 좋아하는 일을 반복하는 일입니다.
- 5~7세 아이들에게는 책 읽기를 통해 집중력을 길러 주세요. 소리 내어 읽기를 하면 언어 이해력이 높아집니다.
- 8~10세 아이들은 학교에서 돌아오자마자 숙제부터 하는 습관을 들여 주세요. 그다음부터는 매일 30분씩 그날 배운 내용을 복습시키세요.
- 11~13세 아이들은 부모가 아이의 학습 수준을 수시로 점검해주세요. 특히 국어와 산수가 취약하다면 기초부터 잡아주어야 합니다.

아이의 학력은
부모의 독서 수준과 같다

: 독서력을 갖춘 아이로 키우는 법

    수험 전문가인 제 경험으로 보자면 명문대에 합격하는 아이는 독서를 자주 합니다. 바꿔 말해, 명문대에서는 독서력을 갖춘 인재를 원한다는 뜻입니다.
    독서를 자주 하면 국어 이해력이 높아집니다. 어릴 때부터 독서를 많이 한 아이들이 중고등학교에 올라가면서 성적이 상승하는 것도 이 때문이지요. 그러므로 아이에게 '독서

하는 습관'만큼은 반드시 만들어 주길 바랍니다. 텔레비전이나 스마트폰, 컴퓨터 게임에 빠지기 전에 먼저 독서의 즐거움을 알게 해주는 것, 그게 바로 부모인 여러분의 중요한 역할입니다.

일주일에 한 번은 '도서관 가는 날' 또는 '서점 가는 날'로 정해 아이에게 책을 자주 접할 수 있는 환경을 만들어 주세요. 또 아이가 언제든 책을 꺼내 볼 수 있도록 가능한 집 곳곳에 책을 둡니다. 동시에 독서에 방해가 되는 텔레비전, 스마트폰, 미니 게임기, 만화책, 리모컨 등은 아이에게서 물리적, 심리적으로 멀어지도록 가능한 먼 곳에 두어야 합니다.

무엇보다 부모님들이 먼저 책 읽는 모습을 보여 주세요. 설령 책을 싫어해도 아이와 도서관에 가면 옆에서 함께 독서를 하세요. 집에 와서 다 같이 식사를 하면서 그날 읽은 책에 대한 이야기를 나누는 거죠. 이렇게 책을 읽고, 직접 이야기해 보는 교육 환경이 훗날 아이의 국어 능력을 결정 짓습니다.

제가 꽤 오랫동안 교육 상담을 하면서 깨달은 사실이 무엇인지 아십니까? 신기하게도 아이의 학력은 곧 그 부모의 독서 수준과 같다는 겁니다.

그렇다면 무슨 책을 어떻게 읽혀야 할까요? 아이가 재미있다고 느끼면 무슨 책을 읽든 상관없으나, 기왕이면 '고전 문학'을 읽히길 권합니다. 훌륭한 고전은 그 나라의 문학은 물론 다른 나라의 문학에도 영향을 미친 작품들입니다. 게다가 동서고금을 막론하고 오랫동안 많은 사람들이 읽어 온 책이니 교양을 쌓기에도 아주 좋죠.

초등학생이라면 어린이용 세계명작 전집부터 시작하세요. 소년소녀 세계문학 총서에도 좋은 작품이 많습니다. 그중에서 아이가 직접 자신이 좋아하는 취향의 책을 발견해 나가게 하는 것이 중요합니다. 여기까지 말하면 많은 엄마들이 꼭 하는 질문이 있습니다.

"책을 죽어라 안 읽으려는 아이에게는 어떻게 해야 좋을까요?"

책을 싫어하는 아이들은 유아기 때 엄마가 '책 읽어 주기'를 제대로 해주지 않았을 가능성이 높습니다. 아이가 독서에 서툰 거죠. 만약 초등학교 저학년이라면 엄마가 다시 한 번 책을 읽어 주세요. 우선 아이 스스로 책을 고르게 합니다. 직접 고르려 하지 않으면 아이가 흥미를 가질 만한 소재의 책을 골라 주세요. 물론 처음에는 글자로만 이루어진 책보단 그림이 곁들여진 책이 더 좋겠죠.

엄마가 먼저 "내가 이 책 읽어 봤는데 되게 재미있더라. 왜냐하면…" 하는 식으로 자신이 인상 깊었던 내용이나 느낌을 아이에게 말해 주는 방법도 좋습니다. 반응하지 않는다면 종이 연극을 해보이며 반복해서 읽어 주세요. 책을 싫어하는 아이에게 해야 할 일은 흥미를 보일 만한 것을 찾아내어 읽어 주고, 여기에 재미를 느끼게 하여 몇 번이고 반복해서 읽는 습관을 들여 주는 것입니다.

그래도 책을 안 읽으려 한다면 '아이가 무엇을 좋아할까?' 고민해 보시기 바랍니다. 동물이나 곤충이 될 수도 있고 놀이기구 같은 것이어도 상관없습니다. 아이가 흥미를 보이는 대상에 관련된 책을 조금만 읽어 줘 보세요. 만약 아이가 재미있어한다면 곧바로 스스로 읽게 합니다.

밖에서 뛰어놀다 온 아이가 잠이 드는 때를 노리는 것도 방법입니다. 깊은 수면에 들기 전에 좋은 '재료'가 곁들여지면 훨씬 더 기분 좋게 잠들 수 있으니까요. 이런 아이들에게는 잠들기 직전에 짧은 그림책이나 동시를 읽어 주면 좋습니다. 주로 마음이 깨끗해지는 이야기를 들려 주세요. 그러다가 자신도 같이 잠들어 버린다는 엄마들이 종종 있는데, 더욱 좋습니다. 아이와 함께 '꿈'을 꾸세요. 사실 고대 그리스에서 독서는 명상의 하나로 인식되었습니다. 저는 인간이 인간답게 살기 위해서는 문학적 소양이 빠져서는 안 된다고 믿습니다. 누군가 마음을 담아 만들어 낸 문학이나 예술 작품의 재미를 알지 못하고서 다른 어떤 기쁨을 찾을 수 있을까요. 그런 재미를 느끼기 위해서는 감성을 각성시키고 꿈을 꿔야 합니다. 부모가 아이에게 하루 빨리 알려 주어야 할 것들 중 하나이기도 하죠.

내일은 오늘보다 더 재미있고 즐거운 일이 일어날지 모른다는 생각 덕분에 인간은 깊은 잠에 빠질 수 있는 겁니다. '삶의 보람'이란 외부가 아닌 자기 안에서 발견해야 하는 것 아닐까요? 아이에게 무엇보다 '책 읽는 즐거움'을 깨우쳐 주어야 합니다. 엄마가 읽어 준 책을 스스로 읽게 되기까지, 끈기 있게 포기하지 말고 계속 독려해 주세요.

- 아이와 함께 일주일에 한 번은 도서관이나 서점에 가세요. 도서관에서 아이가 책을 읽을 때, 반드시 옆에서 같이 독서를 하세요.

◐ 아이가 책을 싫어한다면 흥미를 보이는 대상과 관련된 책을 읽어 주세요.

시키지 말고 '선택하게' 하라

: 아이를 공부시키는 궁극의 비결

 엄마 말은 죽어라 듣지도 않던 아이들이 왜 저를 만나면 공부하는 걸까요? 조금 부끄럽지만, 한 가지 사례를 들어 그 '수수께끼'에 다가가 보려 합니다.
 저는 아이와 처음 마주할 때, 그 아이의 특기나 취미, 요즘 가장 관심 있는 것들에 대해 물어보면서 대화를 나눌 만한 분위기를 조성합니다. 그런 다음 이렇게 말하죠.

"사실 난 공부를 잘하게 해주는 선생님이 아니라 머리를 좋게 만들어 주는 선생님이야. 근데 너랑 대화하다 보니까, 네가 관심 있어 하는 것들이 머리 좋아지는 방법과 관련 있더라! 어떻게 하면 머리가 좋아지는지 내가 알려 줄까?"

이렇게 물어보면 거부하는 아이는 거의 없습니다. 처음부터 아이가 행동하고 이야기하는 것에 귀를 기울이고 흥미를 보여야 합니다. 이런 식으로 서로 '합의'를 보는 거죠.

그런 다음 아이들의 흥미를 자극할 만한 주사위나 퍼즐, 보드 게임과 같은 놀이 교구들을 가져와서 묻습니다.

"자, 머리가 좋아지기 위해 어떤 놀이를 시작할까?"
"놀이요? 공부가 아니고요?"
"놀이도 머리가 좋아지는 방법이니 공부와 똑같단다."
"어떤 놀이가 있는데요?"

저는 아이가 하고 싶어 할 만한 놀이들을 몇 개 늘어 놓습니다. 그중에서 아이가 직접 선택하게 하죠.

'선택하게 하는 것!' 이게 정말 중요합니다. 무언가를 '시키는 것'이 아닌 무언가를 '선택하게 하는 것'입니다. 아이에게 직접 선택하게 하면 놀이를 시작하는 순간 아이는 재미를 느끼고, 알아서 저절로 두뇌를 움직입니다. 이후 아이가 선택한 놀이에 30분 이상 집중했을 때쯤(머리 좋은 상태가 최고조에 다다랐을 때) 이렇게 말하죠.

"와, 대단하네. 이제 다음으로 넘어가자. 이번에는 무엇으로 머리가 좋아지게 해볼까?"

이런 식으로 암산, 소리 내어 읽기, 퍼즐 등 모든 놀이에 힘껏 집중시켜 약 2시간 이상 쉬지 않고 진행합니다. 수업 종료를 알리면 모든 아이가 깜짝 놀라죠.

"벌써 시간이 다 끝났어요? 말도 안 돼!"

"네가 집중력이 좋다는 증거란다. 넌 머리가 좋구나. 집에서도 계속 머리가 좋아지는 연습을 해 봐. 오늘은 여기까지 하자. 또 놀러 오렴."

"네! 또 올게요!"

제 입으로 말하자니 쑥스럽지만 제 교육 방법은 대부분 이런 식으로 진행됩니다. 이제 아시겠죠? 우선 재미있는 놀이를 하려는 분위기를 조성한 뒤, 여러 가지 놀이 중에서 아이 스스로 선택하게 하는 겁니다. 자신이 잘해 나가는 과정을 즐기면서 하도록 말이죠.

실제로 잘하면 크게 칭찬해 주세요. "와, 잘하네!" 혹은 "넌 정말 재능이 있구나!" 하면서 아이에게 자신감을 심어 주어야 합니다.

물론 이 방법은 공부를 싫어하는 초등학생까지만 통합

니다. 중학생이나 고등학생은 또 다른 방법을 써야 하죠. 만약 아이가 천 명 있다면, 공부를 시키는 방법도 천 가지가 있을 겁니다. 하지만 중요한 것은 부모가 아이를 '세심하게 관찰하려는 노력'과 아이가 놀이를 하면서 '스스로도 즐겁다'고 느끼게 만들어 주는 일입니다.

◐ 공부를 싫어하는 아이에게는 먼저 교구를 통한 '놀이'를 시켜 보세요. 이때 중요한 점은 아이 스스로 그 놀이를 '선택하게 하는 것'입니다.

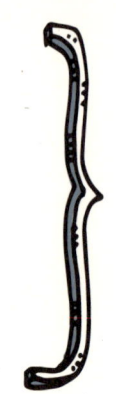

마음 뺏길 것이 없어야
아이는 집중한다

: 공부가 잘되는 교육 환경 설정

　아이가 공부하는 데 있어서 '장소'는 말할 것도 없이 중요합니다. 많은 부모님이 아이가 초등학생 때까지는 거실에서 공부를 시키는데, 이건 굉장히 현명한 방법이죠.
　이 시기의 아이들은 부모의 눈이 닿는 곳에서 공부하게 하는 것이 효과적입니다. 그러지 않으면 괜히 딴짓을 하면서 공부에 잘 집중하지 못합니다. 아이가 거실에서 공부할 경우, 다음과 같은 두 가지 사항만 지켜주세요.

  1) 거실에 아이가 공부할 수 있는 크기의 탁자나 충분한 공간이 있을 것
  2) 아이가 언제든지 바로 공부를 시작할 수 있도록 탁자 위는 항상 깨끗하게 정리되어 있을 것

  요즘에는 텔레비전이 워낙 크게 나와서 어쩔 수 없이 거실에 놔야 하긴 하지만, 가능하면 거실에는 텔레비전을 두지 않는 것이 바람직합니다. 텔레비전을 절대로 봐서는 안 된다는 말은 아닙니다. 공부할 때만큼은 아이로부터 텔레비전을 멀리 떼어 놓을 필요가 있다는 말이죠. 아이를 현명하게 키우고 싶다면, 부모인 여러분이 다른 무엇보다 '아이가 공부에 집중할 수 있는 환경을 만들어 주는 것'을 가장 우선순위로 생각해야 합니다.
  텔레비전을 시청하는 일은 전원 버튼만 켜면 되는 수동적인 행위입니다. 한번 텔레비전을 보기 시작한 아이에게 전원을 끄고 다시 공부시키는 일은 지극히 어렵다는 것을 명심하세요.
  보통 아이들은 마음을 빼앗길 만한 것이 없을 때 집중하

기 시작합니다. 부모님들이 조용한 집안 분위기를 조성해 아이가 공부에 집중할 수 있도록 도와주어야 하는 것도 이 때문이죠. 이건 별게 아닌 것 같아도 정말 중요합니다. 특히 부모님들이 이야기하는 소리가 들리면 아이가 집중하는 데 방해가 되므로 주의해주세요. 아이에게는 공부를 시키면서 정작 자신은 통화를 하며 잡담을 나누는 부모님들도 더러 있는데, 아주 잘못된 행동입니다. 설령 전화가 걸려 왔다 해도 "지금은 전화 못 받으니까 나중에 할게요!" 하고 단호하게 거절하는 모습을 보여야, 아이가 온전히 공부에 집중할 수 있는 분위기가 조성됩니다.

- 초등학생 때까지는 부모의 눈길이 닿는 곳에서 공부를 시키세요.
- 아이를 현명하게 키우고 싶다면, '공부할 수 있는 환경을 만들어 주는 것'을 가장 우선순위로 생각해야 합니다.

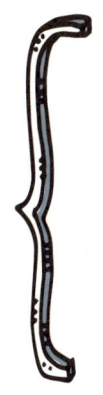 

좋은 문장을
소리 내어 읽게 하라

: 국어 이해력을 길러 주는 법

    독서를 하는 목적 중 하나는 아이의 '국어 실력'을 향상시키는 데 있습니다. 여기서 말하는 국어 실력이란 '이해력'을 뜻합니다.

    이해력은 상대가 하는 말을 잘 이해하고, 만일 이해가 안 될 때는 되물어서라도 완전히 이해하려는 능력을 말합니다. 이해력을 충분히 기르기 위해서는 제대로 된 언어를 체득하는 것이 중요합니다. 따라서 평소에 좋은 문장을 소리 내어 읽는 게 좋습니다.

저는 기회가 있을 때마다 부모님들에게 고전 속 명문이나 시를 소리 내어 읽히라고 조언합니다. 소리 내어 읽기가 능숙해지면 당연히 상대가 하는 말도 잘 이해하게 됩니다. 나아가 독서에도 분명 활용되겠죠. 이해력이 달라지니까요.

간혹 만화책을 보여 주는 부모님들도 있는데, 너무 안일한 태도입니다. 아이가 만화로 자신의 생각을 표현할 수 있다면야 그나마 나을지 모르지만, 모든 아이가 그럴 수는 없으니까요. 또 우리는 일상생활에서 '말'을 사용해 대화를 합니다. 만화로는 대화할 수 없죠. 만화는 그림으로 표현하는 것이니 만화를 읽어도 일상적인 대화에서 말을 잘 하게 된다고 볼 순 없습니다. 말을 잘 하기 위해서는 제대로 된 언어, 뛰어난 언어 즉 명작의 문장을 소리 내어 읽는 방법이 가장 좋습니다.

아이가 초등학교 고학년 이상이라면 명작 중에서도 특히 고전을 권합니다. 동서고금을 막론하고 오랜 시간 동안 많은 사람들이 읽어 온 고전은 그 나라 국어의 기둥이자 원형인 셈이니까요.

이때 아이들에게 큰 소리로 또박또박 읽게 하는 것이 핵심입니다. 앞서 잠시 설명했지만 '소리 내어 읽는 방법'은, 입모양을 정확하게 하고 '한 자, 한 자 큰 소리로 천천히, 정확하게 구분하여 읽는 것'입니다. 이렇게 하면 문장이 어떻게 구성되어 있는지 쉽게 기억할 수 있고, 국어의 조사나 보조 동사를 이해하여 가려 쓸 수 있게 됩니다.

실제로 제가 가르쳤던 학생들 중에 학습 능력이 현저히 떨어지는 아이들에게 소리 내어 읽는 방법을 시켜 봤더니 성적이 기적처럼 상승했던 사례가 있었습니다. 읽는 방법만 제대로 알려 주었을 뿐인데 학업에서 놀라운 효과를 얻은 거죠.

우리는 일상생활에서 국어로 대화하고, 국어로 작성된 글을 읽으며, 국어로 소통하고 있습니다. 만약 여러분의 아이가 이해력이나 국어 실력이 뒤떨어진다면, 가장 먼저 '소리 내어 읽기'를 시키세요. 올바른 방법으로 소리 내어 읽으면, 초등학교 고학년이 되는 시기부터는 독서를 열심히 하게 되어 '올바른 독서 습관'으로까지 이어질 수 있습니다.

- 초등학교 고학년 이상의 아이라면 고전 문학 작품을 소리 내어 읽게 하세요.
- 소리 내어 읽을 때에는 한 자씩 구분하여 큰 소리로 읽는 것이 중요합니다.

글을 잘 쓰는 아이는
거짓을 꿰뚫어 볼 줄 안다

: 집에서 지도하는 글쓰기 방법

 머리가 좋은 아이는 국어를 이해하는 능력뿐만 아니라 '말하는 능력'도 뛰어납니다. 이는 곧 표현하는 능력인데, 소리 내어 읽기를 통해 이해력이 향상되면 표현력 또한 자연스럽게 높아집니다. 이해한 말을 기억했다가 사용하기 때문이죠.

 여기에 '쓰는 훈련'을 더하면 더욱 능숙하게 표현할 수 있습니다. 직접 쓴 글을 발표할 때야 당연히 말을 더 잘할 수 있겠죠. 이렇게 생각하면 작가가 강연을 잘하는 것도 당연한 일입니다. 자리에서 즉석으로 생각하여 말하는 게 아니라 미리 준비해 쓴 내용을 바탕으로 이야기하니까요.

요즘은 초등학생에게도 높은 수준의 글짓기 능력을 요구합니다. 예를 들어 자신이 주장하는 바를 읽는 사람이 이해할 수 있도록 정확히 썼는지, 올바른 문장을 사용하여 알기 쉽게 썼는지 등등 말이죠.

글짓기 지도는 의외로 손이 많이 가서 부모님이 옆에 붙어 일대일로 봐주어야 합니다. 부모님 대부분이 어려워하는 이유이기도 하지만, 직접 가르쳐야 하는 이유이기도 하죠. 이런 분들을 위해 저만의 글쓰기 지도 방법을 소개하겠습니다. 설명을 다 들은 뒤에도 직접 가르치는 것이 무리라고 판단된다면, (아이가 소리 내어 읽기나 독서 습관이 배어 있는 경우에 한해서) 글짓기 학원에라도 보내기를 권합니다.

최근 한 조사에 따르면, 자신의 생각대로 자유롭게 글쓰기를 할 줄 아는 초등학교 6학년생은 전체 학생 수의 10퍼센트 미만인 수준입니다. 문제는, 어렸을 때 쌓은 글쓰기 실력이 결국 대학 입시를 결정짓는 '논술 실력'으로 그대로 이어진다는 점입니다. 그래서 초등학생 때 글쓰기 실력을 미리 쌓아 두는 것이 무척 중요하죠.

　세상에는 참으로 다양한 글쓰기 방법이 있습니다. 저 역시도 여러 가지 방법을 개발하고 있는데, 그중 하나가 바로 '추상 구성 작문법'입니다.

　우선 한 가지 주제를 정합니다. 그리고 주제와 관련되어 머릿속에 떠오르는 단어들을 메모지에 계속 적어 나갑니다. 가능하면 조사 없이 단어로 적는 게 좋습니다. 완성된 메모들을 보면서 자신이 쓰고 싶은 대로 순서를 정한 다음, 서로 잘 연결시키기만 하면 끝납니다.

　예를 들어, 주제가 '최근에 가장 인상 깊었던 일'이라고 해보죠. 만일 아이가 '여름방학', '학원', '땡땡이', '깁스', '할머니 댁', '수박', '곤충', '뒷산', '신비롭다', '박사', '꿈'이라는 메모를 작성했다고 칩시다. 이 메모를 바탕으로 이야기를 연결해 나가면, 이런 이야기를 만들 수 있습니다.

　⟨여름방학⟩인데도 매일 여러 ⟨학원⟩을 왔다 갔다 하느라 바빴다. 하루는 공부하기가 너무 싫어서 부모님 몰래 학원을 ⟨땡땡⟩이쳤다. 그런데 친구랑 놀다가 다리를 다치는 바람에 ⟨깁스⟩를 하고 말았다. 엄마한테 엄청 혼이 났지만 그래도 덕분에 시골 ⟨할머니 댁⟩에 내려가 진짜

여름방학을 보내게 되었다. 할머니네 ⓢ수박ⓢ은 정말 꿀맛이었다! 같은 ⓢ수박ⓢ인데 왜 마트에서 파는 ⓢ수박ⓢ과 맛이 다른 걸까? 비교할 수 없을 정도로 맛있었다. 음식뿐만 아니라 신기한 것도 무척 많았다. 할머니네 ⓢ뒷산ⓢ에 올라갔더니 책에서만 보던 다양한 ⓢ곤충ⓢ들이 여기저기 보였다. 나는 다리가 아픈 것도 잊은 채 ⓢ신비로운ⓢ ⓢ곤충ⓢ의 세계를 탐험했다. 학교에서 배웠던 곤충들의 먹이사슬도 눈으로 직접 관찰하며, 여기서 진짜 자연 공부를 할 수 있었다. 시골 ⓢ할머니ⓢ ⓢ댁ⓢ에서 보낸 이번 여름방학은 내게 ⓢ곤충ⓢⓢ박사ⓢ의 ⓢ꿈ⓢ을 갖게 해준 특별한 시간이었다.

이 방법은 단순히 어떤 내용을 쓸지 머릿속으로만 생각하는 것에 비해 훨씬 효율적이고 편합니다. 쓸 내용을 머릿속에 정리한 뒤 쓰는 일은 어른들에게도 꽤 어려운 작업이죠. 하지만 자신이 쓰고자 하는 내용을 먼저 메모지에 적어 본 뒤에 원하는 순서대로 배치하여 써 나가면 빠지는 내용 없이 완성도 있는 글을 쓸 수 있습니다. 여기에 익숙해지면 나중에는 짧은 글쯤은 바로 쓸 수 있게 되죠.

또 요즘 제가 아이들에게 글쓰기를 가르칠 때 반드시 하는 말이 있습니다.

"거짓말을 해도 좋으니 가능하면 재미있게 써라!"

글이 재미가 없으면 아무도 읽지 않습니다. 요리가 맛없으면 아무도 즐겁게 먹지 않는 것과 같은 이치입니다. 저는 따분한 글을 쓸 바에는 차라리 거짓을 쓰는 편이 좋다고 말합니다.

엄연히 말하면 '상상하여 글쓰기'는 단순히 사실 그대로 쓰는 글쓰기보다 훨씬 어려운 법입니다. 오히려 상상하여 글을 쓸 때, 아이들은 최대한 사실에 가까운 글을 쓰기 위해서 더 많이 고민하고 여러 번 고쳐 쓰죠. 누군가 자신의 글을 읽고 그 내용이 사실이라고 믿어 버리면 "실은 내가 지어낸 거야!" 하고 뿌듯해합니다.

이때 하는 거짓말은 이야기를 재미있게 지어내기 위한 거짓입니다. 즉, 거짓을 쓰는 것 자체가 이야기를 만드는 일종의 연습과 같은 셈이죠.

아이가 이야기를 지어낼 때 '말도 안 된다'며 구박하지 말고 재미있게 들어주세요. 갑자기 하늘을 보며 '마법사가 날아간다'고 해도 상관없습니다. 마법사뿐 아니라 돼지도

하늘을 날 수 있죠. 그렇다고 그것을 일상생활과 혼동하는 아이는 없습니다.

상상하여 이야기를 지어낼 수 있는 아이들은 나중에 커서 다른 사람이 하는 거짓말을 간파하는 능력이 뛰어난 어른으로 성장합니다. 예를 들어 시험지의 객관식 문제를 들어보죠. 객관식 문제는 모두 '참말처럼 보이는 거짓말'과 '참말'이 뒤섞인 〈보기〉 중에서 유일한 참말을 골라내는 일입니다. 그야말로 거짓을 꿰뚫어 보는 능력이 없으면 문제 출제자에게 속기 쉽죠. 오늘날 학교 시험이 대부분 객관식 문제라는 점을 감안하면, 어릴 때 상상하여 글을 쓰는 일은 더더욱 중요한 능력입니다.

- 어릴 때 쌓은 글쓰기 실력은 나중에 대학 입시 때 논술 실력으로 그대로 이어집니다. 부모님이 직접 봐주거나 그게 힘들다면 학원에라도 보내세요.
- 거짓이어도 좋으니 가능하면 재미있게 글을 쓰게 하세요.

암산이 빠른 아이가
수학을 잘한다

: 계산력을 길러 주는 주사위 학습법

　초등학생 때 산수를 못하는 아이들은 대부분 계산력이 떨어집니다. '암산을 못한다'는 말은 즉, 수치를 보고 머릿속에서 즉각 계산하여 답을 내지 못한다는 뜻입니다.
　받아내림이 있는 뺄셈을 예로 들어보죠. 아이가 초등학교 고학년인데도 '56-38=?'이라는 식을 본 순간 바로 '18'이라 대답할 수 없다면 암산 능력이 떨어진다고 볼 수 있습니다. 초등학교 2학년 때 배우는 문제이므로 당연히 풀 수 있어야 하죠. 이때 암산이 뛰어난 아이들은 다음과 같은 두 가지 방법으로 생각합니다.

① '56-40=16' 여기에 '2'를 더하는 방법
② '56-36=20' 여기에 '2'를 빼는 방법

두 가지 모두 '18'이라는 답을 도출할 수 있죠. 그러면 두 자릿수 곱셈은 어떨까요?
예를 들어 '14×9=?'라는 식을 암산하는 방법은,

① '14×10=140' 여기에 '14'를 빼는 방법
② '14'를 '10과 4'로 나눈 다음 '10×9'와 '4×9'의
답을 더하는 방법

모두 '126'이라는 답이 나옵니다. 이것도 초등학교 2학년 때 배우는 계산 문제입니다.
초등학교 3학년이 되면 두 자릿수 간의 곱셈을 배웁니다. 예를 들어 '26×28=?'이라는 식을 봤을 때, 곧바로 답을 말할 수 있는 아이들은 주산을 배웠거나 두 자릿수 간의

곱셈 '99×99'까지 아예 외웠을 것입니다.

이 문제의 암산 방법은 '26×30=780'에 '26×2=52'를 빼서 '728'이라는 답을 낼 수 있습니다. 제 수업을 듣는 아이들은 '27×27=9×9×9=81×9=720+9'라는 합과 차의 곱셈 계산 응용을 알고 있어서, 같은 원리로 '26×28=(27-1)×(27+1)=(27×27)-1'이라 생각해 순식간에 '729-1=728'이라는 답을 도출할 수 있습니다. 이런 식으로 암산 능력을 다져 놓으면 최소한 초등학교 때까지는 계산 문제로 수학을 어려워할 일은 없습니다. 더군다나 두 자릿수와 세 자릿수의 수가 각각 어떤 곱셈 구조 또는 덧셈 구조로 되어 있는지도 머릿속에 곧바로 떠올릴 수 있다면 더는 가르칠 것이 없죠.

초등학교 고학년 중에서 수학 점수가 제자리걸음인 아이들은 받아올림, 받아내림 암산이 안 되는 경우가 많습니다. 그렇다면 어떻게 암산 연습을 시켜야 할까요?

부모님들이 암산 능력을 키운다는 명목으로 물건을 살 때나 식당에서 잔돈 계산을 시킵니다. 또 일상생활에서 계산이 필요할 때 계산기 없이 아이에게 직접 암산하도록 시키는데, 이 방법은 별로 효과가 없습니다.

여기서 제가 제안하는 방법 한 가지!

백화점 장난감 매대나 문구점에 가면 숫자가 적힌 다면체 주사위를 쉽게 찾을 수 있습니다. 이것을 여러 개 구입한 뒤, 굴려서 나온 숫자를 더하거나 곱하면서 놀기만 하면 됩니다. 처음에는 별다른 관심을 보이지 않던 아이도 막상 주사위를 던지면 이내 의욕을 보이게 되므로, 가정에서 부모와 아이가 함께하면 더욱 효과적입니다.

'주사위 학습법'은 간단합니다. 12면체와 20면체, 두 주사위를 흔들어 던져서 나온 숫자를 계산하면 되죠. 단, 손가락으로 세거나 종이에 써가며 계산해서는 절대 안 됩니다. 몇 자릿수 계산이든 무조건 암산으로 해야 합니다.

산수를 어려워하는 아이들의 경우, 반복하여 숫자를 계산하는 것을 싫어합니다. 이 아이들에게 주사위 학습법은 아주 딱이죠. 주사위 학습법만 할 수 있으면 초등학교 수준의 암산 실력은 충분히 키울 수 있습니다. 이렇게 다져 놓으면 훗날 중고등학교에 입학해서 각종 수식이나 루트, 인수분해 등도 놀랄 만큼 쉽게 계산할 수 있습니다. 확률은 물론이고 순열과 조합, 미적분 학습에도 큰 도움이 됩니다. 가장 좋은 점이 무엇인지 아십니까? 놀다 보면 어느새 감각적으로 계산 능력을 배우기 때문에, 오랜 시간을 해도 싫증 내는 아이가 없다는 겁니다.

○ 초등학교 고학년인 아이의 수학 점수가 낮다면 계산 능력이 떨어질 가능성이 높습니다. 주사위 학습법을 통해 머릿속으로 암산하는 능력을 길러 주세요.

수학을 어려워한다면
연필 대신 퍼즐을 주자

: 유아기를 위한 퍼즐 놀이

 수학을 잘하는 아이들은 당연히 산수도 잘합니다. 산수를 잘하는 아이들은 퍼즐도 잘하죠. 그렇다면 퍼즐을 잘하는 아이들은 무엇을 잘할까요? 이것만 알면 왜 어렸을 때부터 '퍼즐'을 가지고 놀게 해야 하는지 아마 절로 이해가 되실 겁니다.
 보통 유아기 아동들은 블록 쌓기나 레고 조립을 하면서

노는 것을 좋아합니다. 그런데 이 놀이가 왜 중요한지 아시나요? 아이들은 이렇게 해보고 저렇게 해보면서 나름대로 다양한 '실험'을 하고 있는 겁니다. 여러 번 시도해 보면서 '이걸 이렇게 하면 된다' 혹은 '이렇게 해봤더니 잘 안 된다'를 체득하기 시작합니다. 이때 길러지는 능력이 바로 '시행착오 능력'입니다. 시행착오 능력은 아이의 호기심을 더욱 키워 주고, 나중에는 지적 능력의 발달로 이어지죠. (인류의 역사를 바꾼 대발명이나 노벨상을 받은 연구들 역시 시행착오 능력에서 시작된 것이니 그 중요성은 더 이상 설명할 필요가 없을 겁니다.)

그런데 이 시행착오 능력의 전제가 되는, 더욱더 근원적으로 필요한 능력이 있습니다. 눈앞에 놓인 사물이나 현상을 보고 자발적으로 관계하고자 하는 자질인데, 저는 이것을 '관계시행 능력'이라 부릅니다. 아이들이 블록이나 레고를 보며 이것저것을 생각하는 것은, 다시 말해 이 사물들과 관계하려는 능력인 관계시행 능력을 지녔기 때문이죠.

'퍼즐 놀이'는 이 관계시행 능력과 시행착오 능력을 길러 주는 궁극의 교육 도구라고 할 수 있습니다. 퍼즐을 맞추다 보면 논리적 사고 능력과 도형인식 능력('패턴인식 능력'이라고도 합니다)이 비약적으로 발달하게 됩니다.

아이가 어렸을 때부터 퍼즐 놀이에 흥미를 보이면 얼마나 좋겠습니까마는, 안타깝게도 싫어하는 아이들이 더 많죠. 이런 아이들에게 퍼즐을 시킬 때는 단순히 "해!"라고 강요해서는 안 됩니다. 관계시행 능력을 유도하는 약간의 기술이 필요합니다.

가장 좋은 방법은 부모가 먼저 퍼즐 놀이에 몰두하는 모습을 보여 주는 것입니다. 아이가 놀아 달라고 매달릴 때, 부모가 퍼즐 놀이에 열중하고 있으면 아이도 자연스럽게 퍼즐에 흥미를 가지게 됩니다. 그러다 조금 지나면 기다리지 못하고 "나도 해볼래요!" 하며 끼어들기 시작하죠. 이처럼 아이가 자발적으로 '하고 싶어 하는 상황'을 만드는 것이 중요합니다.

퍼즐을 처음 시작하는 아이라면 'T퍼즐'을 추천합니다. 단 4개의 조각으로 'T' 모양을 만드는 아주 간단한 퍼즐이지만, 해보면 꽤 어렵습니다. 그다음 단계로 도형인식 능력을 키워 주는 '탱그램'을 해보면 좋습니다. 사각형을 7개의 조각으로 잘라 놓은 것을 여러 가지 형태로 맞추는 퍼즐인데, 큰 직각이등변삼각형이 2개, 그보다 조금 작은 직각이등변삼각형이 1개, 그보다 더 작은 직각이등변삼각형이 2개, 정사각형 1개와 평행사변형 1개로 구성되어 있습니다.

탱그램   T퍼즐

　일단 아이가 퍼즐을 시작하면 도중에 끼어들지 말고 가만히 그 모습을 지켜봐 주세요. 아이가 퍼즐을 하면서 머릿속으로 어떤 계산을 하고 있을지 관찰해 보는 겁니다. 퍼즐을 잘 풀고 못 풀고는 전혀 중요하지 않습니다. 오로지 집중하고 있는 아이의 표정과 아이가 어떤 생각으로 퍼즐을 푸는지 잘 관찰하는 것이 핵심입니다.
　퍼즐은 하는 시간이 길어질수록 아이의 머리에 좋은 영향을 미칩니다. 그러므로 완성의 유무와 관계없이 '계속해서 몰두하는 그 자체'를 칭찬해 주세요. 한 가지 더, 이때 저는 아이가 자신이 어떤 생각을 가지고 퍼즐을 하는지 재확

인할 수 있도록 일부러 질문을 던집니다. 이렇게 말이죠.

"너 방금 되게 집중 잘하더라. 무슨 생각을 하면서 퍼즐을 맞춘 거니? 나도 좀 알려 줄래?"

아이가 머릿속으로 생각하며 집중한다는 것은 굉장한 일입니다. 능동적인 사고를 하고 있다는 의미니까요.

다시 한 번 강조하지만, 퍼즐만큼 손쉽게 아이의 두뇌를 훈련시켜 주고 집중력과 사고력을 길러 주는 훌륭한 교재는 없습니다. 만약 아이가 수학 또는 산수에 약하다면, 연필을 쥐여 주는 대신 '퍼즐'을 사다 주세요.

○ 퍼즐 놀이를 할 때는 부모님이 먼저 퍼즐에 몰두하는 모습을 보여 주세요.

○ 아이가 흥미를 보이며 퍼즐 놀이를 시작하면, 도중에 끼어들지 말고 '몰두하고 있는 아이의 모습' 자체를 칭찬해 주세요.

퍼즐을 잘하는 아이가 시험에 강하다

: 초등학교 아이를 위한 퍼즐 놀이

　초등학생 아이들의 경우에는 퍼즐 문제를 풀어 보게 하는 것이 좋습니다. 퍼즐에는 반드시 답이 있습니다. 이 말은 한 줄이 엉켜 버려 전혀 풀지 못할 것 같아도, 잘 보면 어느 틈이 있어 풀 수 있다는 뜻이지요. 바로 이 틈을 발견하는 과정에서 논리적 사고력이 길러집니다.

　요즘 일본의 몇몇 대학교 입시 문제나 대형 입시 학원 수업에서 '스도쿠' 같은 지필 퍼즐을 출제하는 것도 이 때문이죠.

그렇다면 실제로 논리적 사고 능력을 사용하여 푸는 퍼즐 문제란 어떤 것인지, 예를 들어 설명해 보겠습니다. 먼저 다음 문제를 풀어 보세요.

거짓말쟁이 A, B, C가 100미터 달리기 경기를 했습니다. 이 세 명은 순위와 승패에 대해서는 거짓을 말하지만, 상대방의 이름은 진실을 말하고 있습니다. 각 주장을 듣고 진짜 순위를 맞혀 보세요.

A: 내가 1등이다.
B: 나는 C에게 졌다.
C: 나는 A에게 이겼다.

자, 어떤가요? 이 조건만으로 정답을 맞힐 수 있나요? 일단 순위와 승패는 거짓을 말하고 있으므로 이를 반대로 생각하면 되겠죠. A의 주장에서 A는 2등이나 3등, B의 주장에서 B는 C를 이겼고, A는 C를 이겼다는 말이 됩니다. A는 1등이 아니므로 진짜 순위는 B가 1등, A가 2등, C가 3등입니다.

이처럼 퍼즐 문제는 지식을 필요로 하지 않습니다. 논리적으로 생각하면 충분히 답을 도출해 낼 수 있죠. 특히 초등학교 때부터 퍼즐 문제를 잘 푸는 아이들은 논리적 사고력이 높아져 훗날 입시 공부에서도 큰 도움을 받습니다.

그럼 이제 실제로 게이오기주쿠 중학교 입시 시험(2007년)에 출제된 문제를 살펴보죠.

A, B, C, D, E의 5명이 일렬로 서 있습니다. 아래 조건을 보고 5명이 서 있는 순서를 차례대로 쓰시오.

① A는 맨 앞은 아니다.
② E는 A 바로 뒤에 있다.
③ C와 A 사이에는 2명이 있다.
④ D는 C 바로 뒤에 있다.

조금 전에 풀어 본 퍼즐 문제와 비슷하지 않나요? 거의 같은 계열의 문제라 할 수 있습니다. 먼저 ②번과 ④번 조건으로 보면, A의 바로 뒤에는 E가, C의 바로 뒤에는 D가 있습니다. A와 C 중 누가 더 앞인지는 모르겠으나 일단 A가

앞이라고 가정해 보죠. ①번 조건에서 A는 맨 앞이 아니라고 했으므로, B를 맨 앞에 두면 서 있는 순서는 B, A, E, C, D가 됩니다. 하지만 ③번의 'C와 A 사이에는 2명이 있다'라는 조건을 충족시키지 못하므로 정답이 아니죠.

이번에는 A와 E를 C와 D의 뒤로 보내면 C, D, A, E 순이 되는데, 이때 D와 A 사이에 B를 두면 C, D, B, A, E의 차례가 됩니다. 이와 같은 순서는 ①번부터 ④번까지의 조건을 모두 충족시키므로 이게 바로 답이죠. 이 문제도 지식이 아니라 논리적인 사고력으로 답을 도출할 수 있다는 걸 보여 줍니다.

한 문제만 더 볼까요? 이번에는 게이오기주쿠 대학의 입시 문제(2004년)를 풀어 보겠습니다.

1번, 2번, 3번 총 3명이 면접을 보고 있습니다. 이 중에서 항상 진실을 말하는 사람은 단 1명뿐, 나머지 2명은 항상 거짓말을 합니다. 1번이 아래와 같이 말했을 때, 어떤 경우의 수에도 거짓말쟁이가 확실한 사람은 몇 번일까요?

1번: 2번은 거짓말쟁이다.

우선 문제에서 얻을 수 있는 정보를 정리해 보면, 진실을 말하는 사람은 1명이고, 나머지 2명은 거짓말쟁이입니다. 만약 1번이 거짓말쟁이라고 한다면, 1번은 거짓을 말하고 있으므로 2번은 정직한 사람이며, 정직한 사람은 1명밖에 없으니 3번은 거짓말쟁이입니다. 반대로 1번이 정직한 사람일 경우, 1번은 진실을 말하므로 2번은 거짓말쟁이이며, 정직한 사람은 1명밖에 없으니 3번은 거짓말쟁이라는 말이 됩니다. 따라서 어떠한 경우의 수를 따져 보아도, 3번은 확실히 거짓말쟁이라고 말할 수 있습니다.

지금까지 살펴본 세 문제를 한 번 비교해 보세요. 첫 번째는 초등학교 저학년 아이들이 푸는 문제고, 두 번째는 중학교 입시 문제, 세 번째는 대학교 입시 문제입니다. 그런데 세 문제를 비교해 봤을 때, 앞서 두 문제에 비해 대학 입시 문제가 아주 어렵지 않습니다. 오히려 초등학교 아이들도 충분히 풀 수 있는 수준이죠. 이처럼 어렸을 때부터 퍼즐 문제를 즐겨 푸는 아이들은 논리적 사고력을 익혀 나갈 수 있습니다.

퍼즐을 자주 하면 논리적 사고력이 발달됩니다. 다른 과목과 달리 지식이 필요하지 않은 만큼 초등학교 때부터 많은 퍼즐을 풀게 하여 아이의 두뇌를 훈련시켜 주세요.

'왜?'라는 질문으로
아이의 흥미를 유도하라

: 관계시행 능력과 시행착오 능력

    여러분은 하루에 몇 번이나 아이에게 '왜?'라고 질문을 하나요?
    사실 오늘을 만들어 온 모든 과학은 '왜?'라는 물음에서 시작되었습니다. 즉, '왜?'라는 질문은 인간의 타고난 잠재 능력 중 하나이며, 아이에게 이것을 깨닫게 해주는 것이 바로 부모의 역할이라고 할 수 있죠.

어릴 때부터 항상 '왜?'라고 생각하는 습관을 들여 주세요. 아이가 던진 질문에 대한 답을 부모님도 잘 모르겠다면, 아이에게 그 자리에서 바로 찾게 하세요. 그럼에도 끝내 해결하지 못했다면, 적어도 자신이 궁금해했던 질문을 잊어버리지 않고 나중에라도 다시 찾아보게 하는 자세가 중요합니다.

아이들은 대부분 자신의 주변에서 벌어지는 현상이나 발견하는 사물에 대해 '왜?'라는 의문을 가집니다. 일단 흥미를 끄는 대상이 있으면 가까이 다가가 자세히 관찰하죠. 여기서 중요한 점은 단순히 호기심에만 그치는 게 아니라 직접 만져 보면서 그 대상과 관계하려고 한다는 것입니다.

예를 들어 태풍이 몰아친 다음 날, 한 아이가 우산을 들고 걸어가고 있다 칩시다. 그런데 어떤 집의 여주 덩굴이 바람에 날아가 전선에 걸려 있었습니다. 여주 덩굴의 윗부분에는 작은 열매가 달려 있고요. 이때 아이, 특히 남자아이일수록 백퍼센트 들고 있던 우산으로 그 열매를 툭툭 건드려 봅니다.

아이들은 왜 이런 짓을 하는 걸까요? 성인인 여러분도 그렇게 할 것 같다고요? 그럼 바꿔서 다시 질문하죠. 도대체 인간은 '왜' 그런 행동을 하는 걸까요?

저는 이 능력을 '관계시행 능력'이라고 봅니다. 앞서 말한 대로 시행착오 능력의 전제가 되는 능력입니다. 관계시행의 스위치를 먼저 켜지 않으면 시행착오를 하는 것도 불가능합니다. 그러므로 아이의 호기심을 타이밍 좋게 유발하는 것, 아이가 관심을 보이며 해보고자 하는 교육 환경을 설정해 주는 것. 일단 이 두 가지 요건이 없으면 어떠한 소재를 가져다준들 아이에게 아무것도 시킬 수 없습니다.

활기 또한 필요합니다. 여기서 말하는 활기란, 무언가를 해보고자 하는 '설렘'과 '에너지'죠. 활기가 충족되었을 때, 아이는 앞서 든 사례처럼 우연히 호기심을 유발하고 보다 적극적으로 관계를 시도합니다. 그래서 저는 아이에게 정신적인 활기를 심어 주는 것 역시 지적 능력을 성장시켜 주는 '교육'이라고 생각합니다.

그렇게 보면 관계시행 능력은 사실 "아하, 그렇구나!" 하며 사물의 이치를 깨닫고, 이 깨달음으로 쾌감을 느끼는 인간의 습성과도 관계가 있다고 생각합니다. '왜?'라는 질문 외에도 "아하, 그렇구나!"라는 말을 자주 하도록 아이에게 습관을 들이는 것이 중요합니다.

'왜 그럴까?'라는 질문이 중요한 이유는 또 있습니다. 보통 초등학교에서 '사회를 잘한다'는 말은 '암기가 뛰어나다'

는 말과 일맥상통합니다. 이는 '사회 과목에서 배운 지식을 이용해 어떠한 현상을 깊이 있게 생각하고 연구하지는 못한다'는 말이죠. 심지어 중고등학교 입시 시험에서도 사회적 현상이나 이슈에 대해 자신의 생각을 대답하는 능력은 우수한 아이들이 모이는 특목고 혹은 상급 사립 학교에서나 요구할 뿐입니다.

이것은 어떤 의미에서 당연합니다. 아직 지식이나 체험이 많지 않은 초등학생에게 사회적 현상이나 이슈에 대해 깊이 있게 생각해 보라는 것 자체가 무리죠. 과학도 마찬가지입니다. 가령 '지구 온난화의 원인에 대해 말하시오'라는 질문에 아이가 제대로 대답할 수 있으려면 '화석 연료', '이산화탄소', '온실 효과' 등의 개념을 먼저 알아야겠죠.

물론 지리, 역사, 사회 등 여러 분야에서 기본이 되는 지식을 배우는 일은 중요합니다. 문제는, 초등학생 때 아이들이 이 지식을 단순히 암기'만' 한다는 데에 있습니다. 암기하는 능력은 중요하지만 그 양이 지나치게 많으면, 아이의 머리는 다른 내용을 흡수하지 못해 유연해질 수 없습니다.

그래서일까요? 실제로 일본의 몇몇 명문 중고등학교에서는 입학 시험에 사회 과목이 없습니다. 또 입시 문제만큼은 스스로 생각해서 답을 쓰도록 논술 방식을 취하고 있죠. 이 현상은 이제 중학교부터는 암기 중심의 학습이 시대착오적인 방식으로 여겨지고 있다는 사실을 의미합니다. 본래 교육이란 보수적이라 급진적인 변화를 원하지 않습니다. 이건 여러분도 잘 알고 있을 것입니다. 그렇기 때문에 부모라면 적어도 교육 분야만큼은 항상 민감해야 합니다.

이과와 문과를 막론하고, 지금 요구되는 인재는 지식이 많은 학생이 아닙니다. 자연이든 사회든 한 분야에 순수한 흥미를 가지고, 이와 관련된 현상이나 사물을 연구하는 능력을 지닌 학생을 필요로 하죠. 이 기반에는 앞서 말한 '왜?'라는 질문을 하는 능력이 없어서는 안 됩니다. '왜 그럴까?' 생각하는 능력이야말로 학문 분야 전체를 발달시키기 때문입니다.

아이를 현명하게 키우고 싶다면 항상 '왜?'라고 생각하는 습관을 익히게 하세요. 다가오는 제4차 산업혁명의 시대 그리고 그 시대를 살아갈 사람들이 필요로 하는 인재는 '왜 그럴까?'를 생각하는 아이입니다.

○ 평소 아이에게 '왜 그럴까?' 하는 질문을 던져 보세요. 아이의 호기심을 타이밍 좋게 유발하는 것, 아이가 관심을 보이며 해보고자 하는 교육 환경을 설정해 주는 것이 중요합니다.

리더십 있는 아이로 키우려면 고전을 읽혀라

: 사고를 확장하며 교양을 쌓는 법

아이가 초등학교를 졸업 후 중학생이 되면, '나'라는 존재와 '삶'에 대한 흥미가 생기면서 스스로에게 이런 질문을 던지기 시작합니다.

'나는 누구인가?', '나는 왜 사는가?', '나는 어떻게 살 것인가?'

아이가 철학적인 고민에 잠길 때, 부모로서 어떤 조언을 해주면 좋을까요? 중요한 건 "혼자 열심히 생각해 봤자 답이 나올 리 없다"입니다. 이럴 때는 과거 현인들의 사상이나 지혜가 담긴 고전들을 소개해 주세요. 이것이 바로 제가 직접 실천하는 '리버럴 아츠 교육'의 핵심입니다.

'리버럴 아츠Liberal Arts'란 원래 라틴어 '아르테스 리베랄레스Artes liberales'를 영어로 옮긴 것입니다. 그 기원은 고대 그리스·로마 시대에 있는데, 당시 고대 로마인들 사이에서 '로마 시민이라면 습득해야 할 기초적인 교양 학문'을 의미했죠. '리버럴'이란 '자유'를 일컫는 말이므로 '리버럴 아츠'는 즉 '자유로워지기 위한 기술'인 셈입니다. 더 구체적으로 말하면 고전 양서들을 열심히 읽고, 친구들과 토론하고, 서로 다른 의견을 설득하는 과정에서 고급 언어 능력을 키우는 일입니다. 실제로 시대를 대표하는 훌륭한 지도자들 중에는 이와 같은 교육을 받고 성장한 경우가 많습니다.

최근 일본 유명 사립 학교 중에도 리버럴 아츠 수업을 도입하고 있는 곳들이 생겨나고 있습니다. 훗날 미래를 이끌어갈 리더십 있는 인재를 키우기 위해서는 이러한 수업 방식이 반드시 필요하다고 판단한 것이죠. 그렇기 때문에 아이가 중학생이나 고등학생이 되면 고전을 읽히길 권합니다. 이를 위해서는 초등학생 때부터 탄탄한 독서력을 길러 주어야겠죠.

저 역시 중학생 이상의 아이들에게는 리버럴 아츠 수업을 통해 '머리가 좋아지는 교육 환경'을 설정해 줍니다. 우선 『논어』, 『한비자』, 『노자』, 『신약성서』, 『구약성서』, 『코란』, 『법구경』, 『임제록』, 『소크라테스의 변명』(플라톤 저), 『방법서설』(데카르트 저) 등의 고전을 읽게 합니다. 단순히 위인의 책을 읽고 끝내는 것이 아니라 반드시 서로 의견을 나누도록 하죠. 그러면 자신이 이해하지 못한 내용을 배울 수 있고, 고전을 더욱 깊이 이해하여 자신의 사고를 확장하는 효과를 얻을 수 있습니다.

예전에 아이들과 함께 요시다 겐코의 수필집 『도연초 徒然草』(인간의 폭넓은 지혜가 담긴 짧은 수필을 모아 엮은 것으로, 에도 시대부터 지금까지 가장 많은 사랑을 받는 일본의 대표 고전 수필집이다 – 옮긴이)를 읽고, 그가 말하는 '청빈 사상'에 대해 토론한 적이 있습니다. '비록 가난할지라도 깨끗한 마음으로 자신이 좋아하는 일을 하면서 담담하게 살아가는 삶은 어떠한가?' 하는 주제로 말이죠. 이때 아이들 대부분이 뭐라고 했는지 아십니까? "세상으로부터 얻을 수 있는 풍족함을 절대 포기하고 싶지 않다"고 답했습니다. 여기서 말하는 '풍족함'이란 경제적, 문화적으로 풍요로운 생활이라고 바꿔 말할 수 있겠군요. 이후 활발한 논의가 이뤄졌으나 결국 마지막에는 저 혼자만 '청빈파'고 아이들은 모두 '풍족파'를 선택했습니다.

더욱 놀라웠던 것은 아이들이 '돈을 벌기 위해서 때로는 사람을 속여도 상관없다'라고 말한 점입니다. 아니, 아이들은 '속인다'고 하기보다 내가 제공하는 서비스에 대한 '일종의 보상'이라고 받아들이는 듯했습니다. 하여튼 많은 아이들이 "욕심 없이 청렴하게만 사는 건 싫다"라고 딱 잘라 말해 다소 충격이었죠. 시대가 바뀜에 따라 사고방식 또한 빠르게 변하고 있다는 사실을 제대로 실감했던 사례였습니다.

부모님 세대와 가치관이 다르다고 해서 아이들을 아무리 설득시키려 해봤자 아이들의 생각은 변함없습니다. 그보다는 차라리 아이의 이야기를 들어주고, 잠자코 지켜봐 주는 것이 진정한 어른의 자세이자 역할이 아닐까요?

○ 아이가 자아에 대한 고민을 하기 시작한다면, 고전 양서를 읽혀 자신의 사고를 확장할 수 있게 도와주세요.

Part.3

평생 성장하는 아이로 자라길 바란다면

논리적 사고력이 없는 아이는 항상 손해만 본다

: 속지 않는 아이로 키우는 법

    2013년 기준으로 일본에서는 보이스피싱 사기로 피해를 입은 총 액수가 과거 최고치였던 4백억엔을 훌쩍 넘었습니다. 몇 년 전부터는 전화금융 사기뿐만 아니라 이를 악용한 더 교묘한 사기 수법들이 끊임없이 나오고 있습니다. 뉴스나 신문에서는 사기 사건의 피해자가 되지 않으려면 사기 수법의 유형을 분석하고, 이를 피할 수 있는 방범 대책을 알아두어야 한다고 강조합니다. 그러나 범행 수법은 마치 컴퓨터 바이러스처럼 잇달아 새롭게 진화합니다. 신종 사기 수법에 아무리 대책을 마련해도 금세 새로운 수법이 등장하죠. 그래서 항상 속는 사람이 끊이지 않는 겁니다.

비슷한 사례를 좀 더 말해 보겠습니다. 옛날부터 서민들은 법 문서를 읽지 못한 탓에 언제나 손해만 봐 왔습니다. 이것은 현대에도 변함이 없죠. 법 문서란 '법률로 의무화되어 있는 문서'를 말합니다. 흔히 집을 임대할 때의 임대 계약서나 거래 시 작성하는 판매 계약서 등을 들 수 있습니다. 이때 계약서의 내용을 읽어도 이해하지 못하는 사람들이 의외로 많습니다. 어떤 사람들은 돈을 주고 변호사에게 맡겼다가 도리어 변호사에게 속기도 합니다.

계약서의 내용을 직접 읽지 않거나 이해하지 못한 채 사인을 하는 일은 매우 위험합니다. 인터넷 거래가 일반화된 요즘 사회에서, 무작정 '동의하기'를 눌렀다가는 엄청난 재산 손해를 볼 수도 있죠. 또한 미래 사회에서는 영어와 모국어로 된 법 문서를 모두 읽을 수 있어야만 할지도 모릅니다. 지금의 부모들은 몰라도 별 문제가 없겠지만, 아이들이 커서 성인이 되었을 때는 문서를 읽을 줄 모르면 망신을 당하게 될 것입니다. 속는 쪽이 잘못됐다고 하는 세상에 전혀 대응하지 못하죠.

법 문서 즉, 계약서 내용을 이해하기 위해서는 '논리적으로 쓰인 글을 읽는 능력'이 핵심입니다. 논리적 사고력이 발달하면 내용을 읽었을 때 논리적으로 이상한 부분을 즉각 알아차릴 수 있게 됩니다. 예를 들면 다음과 같습니다.

'저희 가게는 10개 사면 10퍼센트 할인해 주는 인색한 짓은 안 해요. 대신 10개 사면 공짜로 1개를 더 줍니다.'

이 말이 어디가 이상한지 알아차리셨나요? 만약 1개에 100엔짜리 상품일 경우, 10개 구매했을 때 10퍼센트 할인을 받았다면 지불한 금액은 총 900엔입니다. 개당 90엔에 산 셈이죠. 한편 10개를 사고 덤으로 하나를 얻어 총 1000엔을 지불했을 경우, 개당 91엔에 산 셈입니다. 근소한 차이지만 결국엔 후자의 경우가 더 비싸다는 걸 알 수 있습니다. 차라리 10퍼센트 할인을 받는 것이 더 이익인 거죠. 이러한 판매 전략을 모르면 장사꾼들에게 속고 맙니다.

이처럼 논리적 사고력을 기른 아이는 일상생활에서도 논리적이지 않는 것 즉, 이치에 맞지 않는 모든 말과 상황에 민감합니다. 심지어 상대가 하는 말이 논리적이지 않을 경우, 그 말을 통해서 상대가 '바보'인지 '거짓말쟁이'인지를 재빨리 판단하여 문제가 될 상황을 피해 갈 수 있습니다.

다시 한 번 강조하지만, 논리적으로 생각하지 못하는 아이는 늘 인생에서 손해를 볼 것입니다. 논리적 사고력이야말로 세상에 속지 않는 데 필요한 핵심 능력이기 때문입니다.

논리적 사고력이 발달한 아이는 모든 사람들의 말이나 행동 또는 주어진 상황에 민감합니다. 이치에 맞지 않는 부분을 발견하면 즉시 판단하여 자신에게 손해를 끼치는 일을 현명하게 피해 갈 수 있습니다.

'속지 않는' 단단한 아이로 키워라

: 국어와 수학을 잘해야 하는 이유

"왜 공부해야 해요?" 하고 묻는 아이의 질문에 대답하기 위해서는 먼저 아이가 앞으로 살아갈 미래에 대해 생각해 볼 필요가 있습니다. 여러분에게 질문 하나 하겠습니다.

'속이다'의 반대말은 무엇일까요?

갑자기 이런 질문을 받으면 단번에 대답을 못 해 쩔쩔매는 분들이 많더군요. 제 경험상 부모님들이 가장 많이 하는 대답은 '거짓말을 하지 않는다', '믿다', '사실대로 말하다', '성실히 하다' 정도가 있습니다. 하지만 이것은 모두 정답이 아닙니다.

'속이다'의 반대말은 '속이지 않는다', '속지 않는다', '속다', 이 세 가지입니다. 이를 도형으로 나타내면 아래와 같은 그림이겠군요.

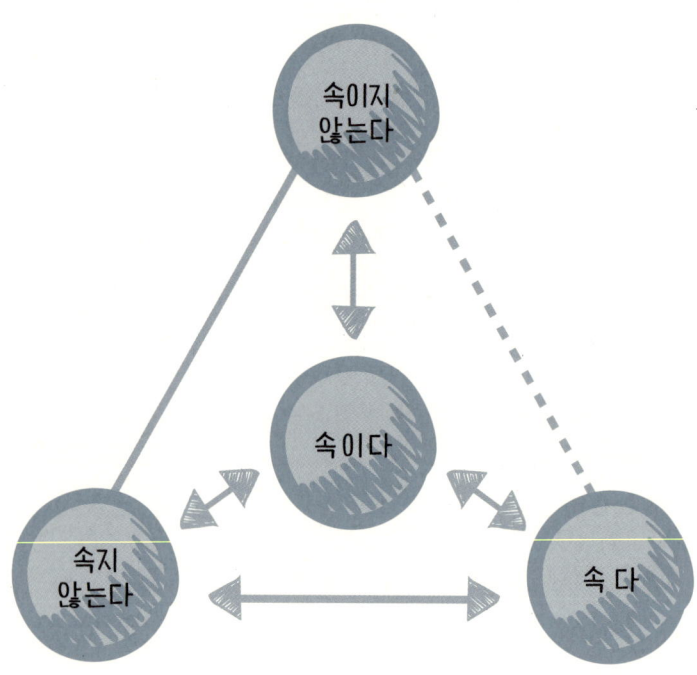

이 세 가지 말의 관계를 한번 들여다봅시다. 먼저 '속이지 않는다'와 '속지 않는다', 이 둘은 비교적 가까운 관계에 있습니다. 어느 쪽 모두 나쁜 짓을 하지 않죠. '속지 않는다'와 '속다' 역시 반대말 관계입니다. 마지막으로 '속이지 않는다'와 '속다'는 각각 말끝에 '사람'을 붙여 보면 바로 이해가 됩니다. '속이지 않는 사람'과 '속는 사람'은 전혀 관계가 없죠. 즉, '아무 관계가 없다'라고 말할 수 있습니다.

다음은 '속이다'와 '속다'의 관계입니다. 여기에도 말끝에 '사람'을 붙여 볼까요? 그림에 나온 도형의 구조만 보아도 '속이는' 사람이 '속는' 사람을 지배하고 있다는 것을 알 수 있을 겁니다. 반면 '속는' 사람의 반대에 있는 '속지 않는' 사람은 말 그대로 '속이는' 사람에게 지배당하는 일이 없습니다. '속이지 않는' 사람은 지배당할지도 모르지만 본인은 그래도 괜찮다고 생각할 겁니다. 혹여 속이는 능력이 있다 하더라도 사람을 '속이지 않으니까'요.

부모라면 누구나 아이가 쉽게 속는 어른으로 자라길 바라지 않을 겁니다. 지금부터 제가 이야기할 내용도 이 '속이다'와 관련이 있습니다. 공부를 해야 하는 중요한 목적 중에 하나가 바로 '현명해지는 것' 다시 말해, '속지 않는 사람이 되는 것'에 있기 때문입니다.

'속지 않는 사람'이 되려면 어떻게 해야 할까요? 방법은 두 가지밖에 없습니다. 첫째, 사람을 무조건 믿지 않는 것입니다. 무엇이든 의심을 해봐야 하죠. 경우에 따라서는 아무리 친한 사이여도 일단은 의심부터 합니다. 하지만 이 방법을 딱히 권하진 않습니다. 의심하는 것을 상대방이 알아채 버린다면, 앞으로 살아가면서 다른 사람들과 신뢰 관계를 쌓기 어렵겠지요.

그렇다면 방법은 다른 하나, '현명해지는 것'입니다. 문제는, 누구나 현명해질 수는 없다는 데 있죠. 따라서 아이에게 '현명해지는 공부'를 시켜야 합니다. 속지 않기 위해서 아이가 어릴 때부터 학습해야 할 능력은 실로 명확합니다. 먼저 '국어를 이해하는 능력'(저는 이것을 '국어 이해력'이라 부릅니다)과 '국어를 잘 구사하여 운용하는 능력'(저는 이것을 '국어 운용력'이라 부릅니다)입니다. 조금 더 과장해서 이 두 가지 능력이 없다면 속지 않기는커녕 사회에서의 소위 '성공 가능성'도 낮아집니다. 다음은 '수치에 강하며 빠르고 정확하게 계산하는 능력'을 들 수 있습니다. 여기에 한 가지를 더 들자면 글로벌 사회에 대비할 수 있는 '영어 실력'을 꼽을 수 있겠군요. 이렇게 국어를 사용하여 논리적으로 사고하는 능력, 수치를 보고 머릿속에서 정확히 암산하는 능력을 지니게 되면, 자연스럽게 사기꾼들이 노리는 대상에서도 제외됩니다. 논리적으로 이상하다고 생각되는 부분이 있으면 즉각 지적하며 의심할 수 있기 때문이죠. 여러분의 주변 사람들을 떠올려 보세요. 대화를 조금만 나눠 보아도 '아, 이 사람은 속이기 쉬운 사람이구나, 이 사람은 속이기 어려운 사람이구나!' 하는 것이 금방 눈에 보이지 않나요?

시험도 마찬가지입니다. 객관식으로 이루어진 시험은 결국 선택지들 중에서 무엇이 '참'이고 '거짓'인지를 꿰뚫어 보는 시험이므로, 속지 않는 아이들이 확실히 성적이 우수합니다. 즉, 국어 이해력과 국어 운용력을 익히게 한 다음 산수의 암산, 논리적 사고력까지 키워 준다면 그다음에는 가능한 자유롭게 놀게 하며 집중력을 길러 주는 것이 가장 좋은 학습 지도 방법이라고 할 수 있습니다.

- 국어를 사용하여 논리적으로 사고하는 능력, 수치를 보고 머릿속에서 정확히 계산하는 능력만 지니면 어떠한 상황에서도 쉽게 속지 않습니다.

미래 사회에서는
언어 운용력이 중요하다

: 글로벌 시대에 대비하는 법

다가올 미래 사회에서는 보다 넓은 영역과 분야로 세계화될 것입니다. 지금은 재능이 뛰어난 운동선수들만이 해외로 거리낌 없이 진출하지만, 앞으로는 더 많은 일반인들이 해외로 나아가 직장을 구하게 되겠죠.

이런 사회가 오면 일자리를 두고 외국인들과도 경쟁을 벌이는 상황이 닥칩니다. 그들과 승부를 펼쳐야 할 때, 어떻게 하면 내 아이가 우위에 설 수 있을까요?

당연히 영어 실력은 필수겠죠. 현명한 부모라면 글로벌 시대가 벌써 코앞으로 다가왔음을 알고 아이에게 미리 특수한 언어를 가르칠 수도 있겠네요. 시장의 기회를 선점하는 거죠.

현재 우리가 살고 있는 정보화 사회에서 기업은 인재를 선발할 때 두 가지 능력을 중요하게 생각합니다. 하나는 '다른 사람들보다 뛰어난 전문 능력'이고, 다른 하나는 '전문 능력을 지닌 개인들을 유기적으로 연결시키는 소통 능력'입니다.

미래 사회에 중요한 능력을 꼽으라 하면 저는 여기에 '언어 운용력'을 추가하고 싶습니다. 이미 세계는 인터넷이라는 수단을 통해 서로 소통하지만, 그 소통의 기본은 결국 언어로 이루어지기 때문입니다. 그리하여 언어 자체를 능숙하게 구사할 줄 모르면, 해당 나라의 말을 할 줄 안다 한들 제대로 된 소통을 할 수 없습니다. 해외에서 사업은 물론 인터넷으로 물건을 사고팔 때도 언어 운용력이 필요합니다. 물론 외국어를 못해도 자동 번역기가 활성화된다면 말이 통할 수는 있겠습니다만, 언어 운용력이 떨어져 국어조차 제대로 구사하지 못한다면 번역기도 도움이 안 되겠죠. 제가 단순히 '영어 공부가 중요하다'라고 말하지 않는 이유도 이와 같습니다. 미래 사회를 살아갈 아이들에게 필수 불가결한 능력 중 하나는 틀림없이 '언어 운용력'이며, 이를 습득하기 위해서는 영어나 외국어 못지않게 국어 공부가 중요하다는 사실을 잊지 않았으면 좋겠습니다.

- 미래 사회에서는 단순히 외국어를 잘하는 것보다 언어 자체를 능숙하게 구사할 줄 아는 '언어 운용력'이 더욱 중요해질 겁니다.

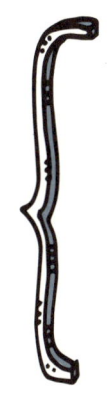

대학에 꼭 보내야 할까?

: 평생 잘사는 아이로 키우는 법

저는 부모님들이 한 번쯤은 아이가 미래에 직면하게 될 다양한 '선택'에 대해 차분히 생각해 보는 시간을 가졌으면 좋겠습니다.

먼저, 많은 분들이 공부의 최종 목표라고 여기는 '대학 진학'에 대해 생각해 보죠. '대학'이란 과연 어떤 곳일까요? 대학은 학문을 배우는 장소입니다. 스무 살 가까이 살아오면서 특정 분야에 관심을 갖고, 이 분야에 대해 좀 더 알아보고 싶다는 생각을 가진 사람들이 가는 곳이란 말입니다. 여기에서 얻은 연구 결과는 논문으로 써서 발표하는데, 이때 논문 작성 방법을 가르치는 곳도 대학입니다. 다시 말해, 책을 읽고 스스로 연구한 결과물을 문서로 정리하는 기초 능력이 필요한 셈이죠. 이러한 기초 능력이 없다면 대학에 가 봤자 무의미하다는 말을 하고 싶습니다. 대학은 책을 읽는 곳이기 때문입니다. 아이를 대학에 진학시키고 싶다면 무엇보다 독서를 좋아하게 만드는 게 관건입니다.

사람이 인생에서 가장 열심히 공부하는 때가 언제일 것 같나요? 저는 '대입 시험 직전'이라고 생각합니다. 수험 전문가로서 오랜 시간 동안 다양한 학생들을 봐 오며 느낀 건 역시 사람은 '시험'이 있어야 열심히 공부를 한다는 사실입니다. 인간이 어떤 행동을 하게 만드는 요소에는 '자주성' 외에도 '필요성'과 '필연성'이 있기 때문이겠지요.

그런데 간혹 고등학생인 아이가 '대학에서 하고 싶은 공부가 없다'고 말하는 경우가 있습니다. 제가 그럴 때 뭐라고 조언하는지 아시나요? 대학 4년간 드는 비용으로 차라리 어학원에 등록하고 세계 여행을 다녀오든가, 전문 대학에 입학해 기술을 배우는 편이 훨씬 나을 수 있다고 말합니다.

아직도 많은 부모님들이 대학은 무조건 가야 한다고 생각하는데, 이에 대해 저는 과감히 말씀드리고 싶습니다. 아이가 학문에 별다른 욕심이나 의지가 없다면, 전문 대학에 들어가서 자신의 적성 분야를 찾고 그 방면의 기술을 배우는 편이 오히려 현명한 '선택'이 될 수도 있습니다.

앞서 말했다시피 하고 싶은 것도 없이 무작정 대학에 들어가 4년이나 노는 것은 돈과 시간을 버리기만 할뿐입니다. 남들 모두가 대학에 가니까 내 자식도 보내야 한다는 고정관념을 부모님들이 먼저 버려야 합니다.

그래도 아이가 대학에 가는 게 좋겠다면 어렸을 때부터 다양한 경험을 하게 해주어 훗날 아이에게 '배우고 싶은 학문'이 무엇인지 스스로 생각해서 선택하도록 지도해 주세요. 그러기 위해서는 흥미 있는 분야를 정하고, 해당 분야에 관련된 책을 자주 읽어야 합니다. 그만큼 부모가 독서와 지속적으로 친밀해지는 교육 환경을 설정해 주는 데 특별히 신경 써야겠지요.

- 고등학생이 된 아이가 학문에 별다른 관심이나 의지가 없다면 전문 대학에 들어가 자신의 적성 분야를 찾고 그 방면의 기술을 배우는 편이 오히려 더 현명한 선택일 수 있습니다.

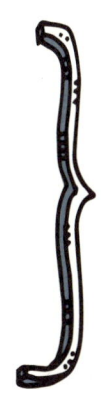

결국은 '하고 싶은 것'을
해야 잘산다

: 아이의 진로를 현명하게 이끄는 법

　일본 후생노동성에 따르면 전체 직장인의 약 10퍼센트가 1년차 때 이직을 하고, 3년차가 되면 약 30퍼센트가 직장을 옮긴다고 합니다. 힘들게 취직한 회사를 고작 몇 년 만에 그만두는 이유가 무엇일까요?
　제가 가르쳤던 제자 중에도 도쿄 대학을 졸업하고 대형 광고 회사에 취직했지만, 불과 2년 만에 출판사로 이직한 사례가 있습니다. 이유를 물으니 "내가 '만들고 싶은 것'을 만들고 싶다"고 하더군요. 도쿄 공대를 졸업한 후 국내 자동차 대기업에 입사했으나 곧 그만두고 외국계 자동차 기업의 엔지니어가 된 제자도 있습니다. 이 역시 "내가 '만지고 싶은 차'를 만지고 싶다"는 이유에서였습니다.

부모가 기겁할 만한 이유를 들며 직업을 선택하는 사람들도 있습니다. 예를 들면, 제자 중 한 명은 게이오 대학 경제학부를 졸업하고서 지방으로 내려가 공무원을 하고 있습니다. 관공서를 얕보는 것이 절대 아닙니다. 그 나름대로 경제학을 배운 결과니까요. 다만 이 학생이 공무원이라는 직업을 택한 이유가 단지 "내가 좋아하는 운동을 할 수 있는 시간이 충분하다"고 대답한 점이 인상 깊었죠.

'직업 선택의 자유'라는 말을 참으로 많이 합니다. 앞으로 사람들은 자신의 적성을 고려하여 '하고 싶은 일'을 직업으로 선택하는 경향이 강해질 것입니다. 해당 분야에서 능력이 뛰어나다면 직업의 선택지는 더욱 넓어지겠죠. 이른바 '특기'가 있으면 그걸로 먹고사는 일이 얼마든지 가능해진다는 말입니다.

미래 사회를 살아갈 아이들이 현명한 선택을 하길 바란다면 '자신이 좋아하는 일을 직업으로 삼게 하는 것'이 중요합니다. 개인적인 사정으로 불가능하다면 '자신이 하고 싶은 일을 할 수 있는 여유 시간이 충분한지'를 직업 선택 시 중요하게 고려해야 합니다.

오늘날 직업을 선택하는 기준이 점점 바뀌는 것을 보면서 가끔 이런 생각을 합니다. 젊은 사람들은 이미 블랙 기업(고용불안 상태에서 일하고 있는 청년 노동자들에게 저임금과 장시간 노동 등 불합리한 노동을 강요하는 악덕기업을 이르는 말-옮긴이) 시대를 간파하고 그에 따라 대처하고 있는 게 아닌지 말입니다.

'내 아이가 싫은 일을 억지로 하거나 불합리한 직장에서 일하는 것을 원하지 않는다', '내 아이는 자신이 좋아하고 보람을 느끼는 일을 했으면 좋겠다'고 생각하시나요? 그렇다면 더더욱 공부를 시켜야 합니다. 여기서 말하는 '공부'란 대단한 것이 아닙니다. 자신이 좋아하는 길로 나아가기 위해 나름의 정보를 미리 수집하고 익혀 두면 되는 것이죠. 이렇게 공부해 두면 직업 선택의 기로에 섰을 때 시행착오를 줄일 수 있습니다.

진로를 위해 공부하는 일이 중요한 이유는 또 있습니다. '자신의 가치를 높이는 능력'을 자연스럽게 습득할 수 있기 때문입니다. 많은 사람들이 진로를 결정할 때 자신의 적성이나 뚜렷한 삶의 목표도 없이 무작정 취업 시장에 뛰어듭니다. 그러다 보면 도무지 자신에게 맞지 않거나 혹은 다니는 직장이 블랙 기업일 경우, 심각하게 이직을 고려합니다. 자신의 가치를 높일 줄 아는 사람들은 어느 직장에 있든지 능력을 개발하기 위해 시간과 돈을 투자합니다. 외국어를 공부한다든지 대학원에 다니면서 전문 지식을 배운다든지, 틈틈이 각종 자격증을 따기도 합니다. 그러면 좋아하는 직업을 제때 찾지 못했다 하더라도 언제든지 쉽게 직업을 바꿀 수 있죠. 지금부터라도 '공부하면서 능력이 향상되는 경험'을 쌓는 것이 중요한 이유입니다.

이렇게 말하지만 사실, 어렸을 때부터 아이가 자신의 진로를 찾고 그에 맞는 공부를 한다는 것은 거의 불가능에 가깝습니다. 자아 형성이나 가치관이 아직 확고하게 형성되지 않았기 때문에, 자신이 하고 싶은 게 무엇인지 좀처럼 스스로 찾지 못하죠.

그럴 때 아이에게 조금도 고민할 것이 없다고 말해 주세요. 그런 것은 직접 체험하며 쌓아 나가지 않으면 알 수 없는 것이니까요. 생각해 보면 평생을 살아도 딱히 해답이 나오지 않는 문제이기도 합니다.

다만 진로 문제로 고민하고 있다면 이것 하나만 깨닫게

해주세요. 진로를 정한다는 것은 결코 거창한 일이 아닌 단지 '하고 싶은 것 찾기' 게임과 같다는 걸요.

무엇보다 끊임없이 스스로에게 질문하는 것이 중요합니다. '내가 하고 싶은 일은 무엇인가?' 하고 말이죠. 이렇게 하면 바로 해답이 나오지 않더라도, 어느 순간 문득 자신이 하고 싶은 것이 머릿속에 떠오를 겁니다.

○ 자신이 좋아하는 것, 하고 싶은 것이 무엇인지 고민하도록 도와주세요. 진로에 대한 정보를 미리 수집하고 익혀 두면, 직업 선택의 기로에 섰을 때 시행착오를 줄일 수 있습니다.

'왜 해야 하는지' 알면 알아서 한다

: 스스로 공부하는 아이로 키우는 비결

우리가 공부를 하는 이유는 인생을 풍요롭게 만들기 위해, 자신의 가능성을 넓히기 위해서입니다. 그렇다면 인생을 풍요롭게 만들고 자신의 가능성을 넓히는 일은 누가 해야 할까요? 그야 당연한 말이지만, 아이들 자신입니다.

간혹 이런 말을 하는 부모님들이 있습니다.

"주변에 좋은 대학 가는 애들 보면 어렸을 때부터 부모가 강제로 공부시키더라고요!"

물론 부모의 엄격한 관리를 받으며 자란 아이들 중에 공부를 잘하는 아이가 제법 있는 것은 사실입니다만, 이것을 단순히 '부모가 억지로 시켜서'라고만 볼 수는 없습니다. 설령 부모의 강요로 공부했다 하더라도 결국 그 시간 동안 공부하는 주체는 '마음을 고쳐먹고 공부를 시작한 아이들'인 셈입니다. 부모는 아이가 공부하고자 하는 마음이 지속되도록 옆에서 동기 부여만 해주는 것이죠. 다시 말해, 겉보기에는 부모의 강요로 공부를 하는 것처럼 보여도 실은 아이가 스스로 하고 있는 것입니다. 현명한 부모는 아이가 공부를 시작하면 계속해 나갈 수 있는 교육 환경을 설정해 주는 데만 집중할 뿐이죠.

공부 잘하는 아이들이 보이는 전형적인 특징이 바로 '자주성이 높다'는 것입니다. 이 말은 처음부터 자신이 알아서 공부하는 것만을 의미하는 게 아닙니다. 자의든 타의든 일단 공부를 시작하고 나서 그 이후로도 계속 스스로 하는 것, 이 역시 자주성이 높다고 볼 수 있는 거죠. 어떤 이유에서든(그게 우연이든) 아이가 공부를 시작했다면(혹은 공부가 아닌 무언가라도), 그 모습을 따뜻하게 지켜봐 주되 집중할 수 있는 환경을 만들어 주세요. 그러면 아이는 조금씩 공부에 몰두하기 시작하고, 마침내 스스로 공부를 즐기면서 그 효과가 극대화됩니다.

'왜 공부해야 하는지'를 깨우쳐 주어 '알아서 공부하게' 만드는 자세가 중요한 이유는, 단지 성적을 올리고 좋은 학교에 들어가기 위해서만이 아닙니다. 스스로 공부하는 아이들은 굳이 공부가 아니더라도 자신에게 주어진 문제나 일을 능동적으로 판단하고 해결합니다. 이런 자세가 갖춰진 아이들은 훗날 공부와 멀어졌다 해도 다른 방면에서 충분히 활약할 수 있겠죠.

앞으로는 점점 더 많은 사람들이 조직 중심의 회사에 입사하지 않고 자신의 전문 분야에서 프리랜서 방식으로 일하려 할 겁니다. 주체적으로 판단하고 행동할 줄 아는 사람들에게 더 좋은 일자리가 주어지겠죠. 즉, 일방적으로 주입된 지식이 많은 아이보다 스스로 즐기면서 능력을 키워 온 아이들이 미래 사회에서 인정받는 인재로 성장한다는 말입니다. 이런 아이들은 어떤 직업이든 선택하여 일할 수 있습니다. 시간을 효율적으로 쓰고, 근무 외의 시간에도 하고 싶은 것을 하면서 스스로의 가치를 높여 갈 줄도 압니다.

지금부터 아이에게 노력을 게을리하고 공부하지 않으면, 미래 사회에서 자신의 인생을 설계하기 어렵다는 것을 일러 주세요. 물론 요점은 '아이가 앞으로 인생을 얼마나 주체적으로 참여해 나가느냐'일 것입니다. 한 사람의 인생은 그 누구의 것도 아닌 오롯이 그 인생을 살아가는 사람의 것이니까요. 이 사실을 아이에게 이해시키는 일이야말로, 현명한 부모가 아이에게 해줄 수 있는 최고의 가르침입니다.

● 아이에게 '왜 공부해야 하는지' 깨우쳐 주어 '알아서 공부하게 만드는 자세'를 길러 주세요. 스스로 공부하는 아이는 자신의 인생에서 일어나는 모든 일에 능동적으로 판단하고 해결해 나갈 줄 압니다.

아이가 **스스로 책상**에 앉는다

초판 1쇄 인쇄 2017년 7월 13일
초판 1쇄 발행 2017년 7월 27일

지은이 마츠나가 노부후미
옮긴이 최윤영
펴낸이 김선식

경영총괄 김은영
기획편집 김수나 **디자인** 심아경 **크로스교** 윤세미 **책임마케터** 이보민, 최혜진
콘텐츠개발3팀장 이상혁 **콘텐츠개발3팀** 이은, 윤세미, 김수나, 심아경
마케팅본부 이주화, 정명찬, 이보민, 최혜령, 최혜진, 김선욱, 이승민, 이수인, 김은지
저작권팀 최하나 **전략기획팀** 김상윤 **경영관리팀** 허대우, 권송이, 윤이경, 임해랑, 김재경

펴낸곳 다산북스 **출판등록** 2005년 12월 23일 제313-2005-00277호
주소 경기도 파주시 회동길 357 3층
전화 070-5080-3678(기획편집) 02-6217-1726(마케팅) 02-704-1724(경영관리)
팩스 02-322-5701 **이메일** dasanbooks@dasanbooks.com
홈페이지 www.dasanbooks.com **블로그** blog.naver.com/dasan_books
종이 한솔피엔에스 **출력·인쇄** 민언프린텍 **제본** 에스엘바인텍 **후가공** 평창 P&G
ISBN 979-11-306-1357-4 (13590)

- 책값은 뒤표지에 있습니다.
- 파본은 구입하신 서점에서 교환해드립니다.
- 이 책은 저작권법에 의하여 보호를 받는 저작물이므로 무단 전재와 복제를 금합니다.
- 이 도서의 국립중앙도서관 출판시도서목록(CIP)은 서지정보유통지원시스템 홈페이지(http://seoji.nl.go.kr)와 국가자료공동목록시스템(http://www.nl.go.kr/kolisnet)에서 이용하실 수 있습니다. (CIP제어번호 : CIP2017016519)